人はなぜ生きづらさを選んでしまうのか

川井 淳

はじめに

毒が盛られたショートケーキ

かの有名なスター女優であるオードリー・ヘップバーンは言いました。

「何より大事なのは人生を楽しむこと、幸せを感じること、それだけです」

そう、映画史に残るあの大女優でさえ、人生を楽しむことを重視し、何より幸せを感じることをシンプルに望んでいました。人間、誰しもが皆、幸せになりたいと思って生きています。ただ、この世の中を見回して、誰もが幸せだと言える状況とは言い難いでしょう。

偏差値の高い大学に入って、誰もが知る一流企業に就職、そして定年まで働き続けるのが理想というロールモデルも、年功序列という概念が崩壊した今では危ういものです。バブルを経験していない世代が社会の大多数を占め、バブル経験者たちも退職世代になり、就職氷河期世代が大半となった今の日本社会は閉塞感が漂っています。

この章のタイトル「毒が盛られたショートケーキ」とは、何気なく過ごす日常の中で出会う人々の中に潜む意識や行動を象徴した言葉でもあります。つまり「毒が盛られたショートケーキ」＝一見、甘くて美味しそうな物の中に毒が盛られているという意味です。

例えば、

・幸せ度を測る世界幸福度ランキング
・ＳＮＳに広がる自己満足感をアピールする投稿
・自分では善人だと思い込み、他人のエネルギーを奪う自己中心的な人

経済成長の歯車が狂い始めた日本を全否定し、世界の国々が優れているという切り口に終始

する論調のメディアや、ＳＮＳ上で成功者に見えるインフルエンサーが、見せかけだけの意見で煽ることを繰り返し、外面だけは善人に見える他人が増えたと感じるのは何故でしょうか。もしかしたら**今も昔も変わらないのに、情報の伝達が進化して顕在化している**だけなのかもしれません。

毒を見抜く力を育てる

良い大学、良い会社というラベルが通用しなくなったのと同様、昔は分かりやすかったものが今は分かりにくくなっている、そんな事例は他にないでしょうか。

ファストファッションの流行がそのいい例かもしれません。ユニクロなど皆と似たような服装でいいと言う人々。ファストファッションだけでなく、ＳＮＳ（ソーシャルネットワーキングサービス）の浸透により、触れている情報によって価値感に影響を受ける世の中になり、見た目だけの情報では人を差別化できなくなりました。

そして、自身の身近な世界でも一見、穏やかそうに見えて、優しそうな人が毒を盛っている事実。ドキッとするような話ですが、それが現代人の特徴と言っても良いのではないでしょうか。何よりそれが怖いのは、意図的に毒を盛っている人もいれば、無意識に盛っている人もいることです。大量に毒を盛っている人ならば、違和感を直感レベルで感じ取り、あらかじめ避けることもできそうですが、気付いたらその人の毒にじわりじわりと脅かされる小さな毒の積み重ねには、なかなか気付かないものです。

例えばこんな話があります。

カエルを熱湯の入った器に入れると、熱さに反応してすぐ飛び出します。

冷たい水の中に入った器にカエルを入れ、徐々に水を温めていくと熱くなったことに気付かずに、干上がって「ゆでガエル」になり息絶えてしまいます。

人は直接的に攻撃されると即座に防衛反応が発動しますが、少しずつ悪化する対人関係には対応しづらく、長期間その環境に気付かなければ悔いの残る人生を歩む恐れがあります。過食の結末が慢性的な肥満を引き起こす生活習慣病のように、人間関係にも悪習慣があるわけです。

こうした人間関係の毒に始まり、お金、健康、パートナーシップ、日本社会のあらゆるものに毒が盛られている事実を知らなければ、前述の「ゆでガエル」になる恐れがあります。

共感や肯定感、そんなポジティブに捉えられるものの中にも潜んでいる闇の部分が「毒」です。一部の人はこの変容の時代の中で、敏感にその毒の流れを察知しています。

「そんなこと言っていたら、何も信じられないじゃないか」

そう思われた人も中にはいるはずです。この書は、巧妙に盛られた毒に対応する知恵を身につけ、自分を知り、他者を知ることで少しでも生きやすくできないかと考えて執筆しました。**優先的に考えることは「相対的」な社会で「絶対的」な自分像を探していくバランス感覚です。**現代の生きづらい社会に文句ばかりいうのではなく、もっと解像度の高い**見えない意識**について、感じ取るスキルを身につけることです。

まずは、この時代を象徴する言葉として「毒が盛られたショートケーキ」をイメージしてみてください。あなたはそれを食べたいでしょうか。やすやすと毒が盛られたケーキを食べることは時代にのまれていることと同じです。

そして、それを差し出した人物を信用できますか。それは、友人を信頼しないということではありません。友人が毒のある人物だったとしても、それを見抜ける自分を確立するということです。この時代には一見して分からない毒があります、とだけ伝え、くれぐれも気をつけてだけだと問題提起で終わってしまいます。

一緒に毒の避け方や解毒の方法を探っていかなければなりません。そのために、いつもより自分自身の感度を上げて読むことをオススメします。

自分が我慢すればいいやとか、気にしないように頑張る精神論は排除しておくことが大事です。こういった意識の使い方も必要なのかと、今の時代に即した新しい考え方が出来るようになれば幸いです。

目次

第一章　頑張っても報われない社会

大人との「境界線」

時代を１９８５年にタイムスリップしてみます。

私は中学生でした。この頃、思い起こすと社会は「大人と子ども」の境界線が強く引かれていたように感じます。親には親の役割、子どもは子どもらしく、といった価値観が浸透していました。ある意味、生きやすい時代だったと言えるのかもしれません。先生は先生として敬われ、反発する子は分かりやすく悪目立ちしていました。成績の優秀な子どもは偏差値の高い大学を目指し、安定した企業で定年退職まで働くことがベストな選択だと見なされています。反発していた子どもも、やんちゃながら社会の枠組みに収まっていったように思います。

そうしたことを踏まえれば、**役割分担が決まっていた時代の方が生きやすかったのかもしれません。**何故なら、社会的役割を与えられ、その中で生きる方が楽だからです。役割の中で自分なりに頑張って生きていければ良い、その潔さが曖昧に社会に浸透していたら、それが当たり前だと思い込むこともそれほど難しくありません。

自分探しという言葉が出てきた背景には、その**役割が半ば中途半端に分解され自分を見失った人たちが多いから**ではないでしょうか。

すべての人々の期待に応えようとするあまり、今の社会意識は、細分化されるのを望んでいるかのようです。お手軽に（インター）ネットで買い物ができるように、予測し得ない未来への不安もネットで煽られ、意識の変化も容易にさせられます。ネットの薄っぺらな情報には真実味は感じませんが、それでも利便性と天秤にかければ、重宝されるのは無理もありません。

多様性という言葉がトレンドのように扱われる現代では、大半のことを許容しなければいけません。**分かりやすい悪**がそこになければ、そういう考えがあってもいいよね、と自身の意に反する場合でも飲み込まざるおえないこともしばしばです。

部下からみた上司、子どもからみた父（母）親、逆も然り、またＳＮＳ上の人間関係など環境に合わせた多面性が必要になり、そこがひとつのパズルのように精神が統合されていればいいですが、複合的な感覚を使い分ける器用さをもって生きていかなければなりません。

陳腐な主張は無意味だと勝手にスルーできればいいですが、兎角その陳腐な主張でさえも許容しなければならない場面もあります。

何が正解で何が不正解か、本質に触れられない議論の中にある種、多様性を持たざるおえない自分が存在しうるのです。

つじつまを合わせるかのように自分を見繕う日常を打破するには、情報化社会の進化に対応した処世術を学ばなければなりません。

権威的な支配者に一方的に同調する処世術ではなく、民主的に話し合い、もめごとが多数決の合意で決まっていく社会は、まるで政治家が形式的に何かを決定する世界のような複雑さが、小さな共同体でも頻繁に顔をあらわす場面が多くなったことを意味します。適度な主張や空気を読んだ主張を繰り返し、マウントを取られないように上手く社会を立ち回っていかなければいけません。適応力がない人間には過酷な社会です。

過去が生きやすかった時代と仮定するならば、逆説的に言えば、現代は生きづらいともいえます。現代が生きやすいと思えるなら過度に悲観する必要はありませんが、重要なキーワードは**不確定要素満載の社会的集団の中の自分ではなく、社会と分離された個の中の自分に目を向**

けることに、人間の意識は変容していることに気付くことではないでしょうか。

少しでも自分が生きやすい手段を得るために「自分が何者なのか」考えながら現代の闇を紐解きます。

幸せレベルの過渡期

高校や大学の卒業式で、友人同士が社会人になっても仲良くいようねとか、別々になるけどお互いに頑張ろうねとか、お互い励まし合う行為は青春時代の特権であり、悪く言えば「友情ごっこ」のような言葉遊びも、子どもから大人へ変わっていく不安へのあらわれです。それは、友人全体に広がる波のように私たちを覆っていました。

就職活動の際、面接官を前にして発していた言葉は、

・大学時代は部活動でリーダーシップを発揮していました
・サークルでトラブルがあった時は、皆で話し合いを持つよう促し、解決させました
・ボランティア活動を一生懸命頑張りました

社会経験のない学生たちが絞り出した言葉は、どうにかして学生時代の経験を大人が好みそうなものへと脚本化し、志望動機にすり替えただけの発表の場と言っても過言ではありません。言い換えれば、自分をナルシスト化しアピールするオーディションシステムです。

志望学部の特異性がない限り、より偏差値の高い大学を目指すことがマジョリティーの総意だと考えるならば、偏差値が高ければ入学コンテストに有利になることを意味しています。偏差値で仕分ける評価はある種、採用する側もされる側もコンセンサスが取られた分かりやすい基準でした。

企業の採用側からすれば、一定の基準を満たした人材を無難に見つける行為は、飲食店評価サイトで格付けされた評価を見て、とりあえずその評価を信用してお店にいく行為とそうさほど変わらない決定基準によく似ています。

その勝ち組と負け組を判別する就職面接という障害物競争の第一関門を通過するのも束の間、入社すれば高度で途方もない障害物マラソンが始まります。決してここで述べた高度は業務自体の難易度を指摘しているのではなく、**訳のわからない社会という複雑で曖昧な異質な空間に飛び込み、どう自分をコントロールしていくかの一点を指します。**

会社は一ヶ月で辞められるお試しキャンペーンのようなものではありません。自動的に社会へ放り出される就職は、このような障害物マラソンをルールブックや取扱説明書のないままレースに参加させられることを意味します。

また、学生時代の部活動でキャプテンを務め、リーダーシップを発揮していた学生が会社で活躍出来る有能な人材とは限りません。障害物競走で競走に晒（さら）されて、少しでも前進しようともがいているのにも関わらず、突出して抜け出すことはルールブックの注記で禁止行為にされていたことが後から分かります。少しでも良かれと思って取った行動が、協調性を乱したと言われ、会社での居場所がなくなることもあります。その反面「石の上にも三年」と言われるように、そんなにこの障害物競走を我慢して行う必要があるのか悩むところです。

大学の講義はさぼれますが、社会人になれば行きたくないと思っていても、会社には出勤しなければなりません。社会人になって会社に行くことをさぼろうと思えばさぼれますが、社内の評価が悪くなれば居心地は次第に悪くなっていきます。

途方もない業務に追われ、代わり映えしない日常が続けば、神経が少しずつすり減っていく感覚におそわれるに違いありません。負のエネルギーに支配されることはいけないと思いつつも、何年も「SASUKE」のような競争をさせられ、毎回池に落とされ、ゴールに辿り着けるのはほんの一握りの、運と実力を兼ね備えた者だけが生き残っていくことにうすうす気付き出します。

社会は「相対的」です。不特定多数の人間たちと経済活動というフィルターを通して接していかなければなりません。社会という枠組みで対人関係に悩んでいるのなら、一度間を置いて自分を俯瞰することも必要です。ロールプレイングゲームで敵が現れた時に、「戦う」「逃げる」「防御する」のボタンを選択しない限りその行動は発動しません。一度呼吸をおいて考えてみてください。正のエネルギーを受け取るために、**心を落ち着かせ冷静に分析することが、穏やかに生きる初期のステップ**だとここでは言っておきます。

未来に対する不安

子どもの頃はもっと楽しかったなぁ

年々、幸せを感じない

特に青年期は難しく考え身動きがとれなくなり、心は移ろいながらやっぱり現状維持が賢明な選択だと言い聞かせながら生きてしまう、それは誰もが感じる曖昧でネガティブな感情がそこにはあったはずです。

大なり小なり、ふと想いに耽る瞬間にあの時の選択は正しかったのか、と会社や家庭環境における人間関係の今が劣悪ならばそう思う頻度は多くなります。毎日同じ日常を繰り返し、そこに**希望を感じなければ生きづらさを感じても仕方がないことです。**

生まれて高校時代までを1タームと考えます。

制限時間は18年。**この世界に命を授かり、やりたいと自分から進んで言っていないのに強制的に人生というゲームに参加させられます。**

「相対的」な学校社会の一員として、「絶対的」な弱者として学校では先生、家庭では親に監視され、このゲームに参加させられます。運の悪いプレイヤーの中には経済的、人道的に不利なルールをつきつけられるケースだってあります。

それでも生きていく、という選択肢を選べば、前向きに進んでいかなければなりません。

新社会人になればこんな人になりたい、と憧れる大人像がみえてくることもあります。年上のカッコいい社会人を探し、お洒落な芸能人や、SNSで活躍するインフルエンサーのようにキラキラした日常を送りたいと思うかもしれません。

一方、ネガティブな見方をする人なら、うだつの上がらない上司をみて、ああいう大人にはなりたくない、と思うのも人の常でしょう。話はビジネスマンだけに限りません。

パートナーシップを重視する人は離婚したシングルマザー（ファーザー）をみて自分はああなりたくない（結婚に失敗したくない）そう思うはずです。

未来に対して夢や希望があるのが若さです。なんの根拠もなく人生が上手くいくに違いないと思い込んでいるなら、慎重に結婚パートナーを選べる素地は整っている、と確信めいた自信があるのが若さの特権です。ビッグになってやるという勢いだけに捉えかねない発言も治外法権的に許されます。

ところが、いざ年齢を重ねてもすべての人間に自分が思い描いた理想を手に入れることができないのが現実です。また、挫折は年齢関係なくいつでも付き纏ってくるのは知っておいていた方がよさそうです。

卓越したセンスを兼ね備えた医師のように、「私失敗しないですから」という大きな自信も、思った結果が出なかった場合、若い頃の自分の未熟さを感じてしまうでしょう。

若さからくる挫折も「相対的」にみて周りの同じ失敗した境遇者をみて安心させてくれます。多くの人がゆっくりとした長い時間を過ごしながら、緩やかに変化する人生の途上にいます。そして偶然にも学生時代に重なった同じ世代や学校の教師たち、家族といった小さな共同体で関わるエネルギー体は社会人になれば、大きなエネルギー体へと移行し、不特定多数のさまざまなエネルギーをもろに受けます。

人によりエネルギーの感度はさまざまですが、それを感じる、感じないのほんの些細な意識によって生き方が変わり始めます。**見えない力**を感じる瞬間が日常生活でふと顔を出すこともあります。大抵のひとたちは、日常の煩雑さの中で見過ごしがちです。

ここでは、幸せのレベルの過渡期は社会人になった時と仮定しましたが、十人十色、こうした**見えない力がエネルギーとなって人生を左右していることを身をもって感じる瞬間があります。**それは霊感や特別な人に与えられた第六感だからとは思えません。

人間関係の悩み

大きな集合体のエネルギーの中に放たれた私たちは、上手く波に乗らなければ生きづらさを感じます。生きづらいと何となく思っていても、これが現実の社会だとある種、覚悟をもって生きるか、逃げられないといった強迫観念でどうにかこうにか社会という目に見えないモンスターとたたかい続けます。生きづらさを抱えている人は、この感覚からいつ解放されるのでしょうか。

生きづらさの原因は、人間関係がすべてだと仮定しましょう。これは裏を返せば、人間関係が良好ならば、生きづらさはすべて解消出来るということです。

例えば、会社に嫌な上司がいれば、会社を辞めればいいのです。しかし、また次の就職先で嫌な上司に出くわしたことで辞めたくなったとします。同じような問題が引き続き解消されないならば、自分自身の会社に対する捉え方を変えなければなりません。

「相対的」に人は自分は悪くない、という防衛反応をします。その延長線上で自分は可哀想だ、他人が悪い、という論調で会話を構成する人がいかに多いかということに気付かされます。所属しているグループにおいて、そんな人たちが多数派を占めているならば、ほとんど生産性のない日常をいつしか感じてもおかしくありません。そう感じつつ生きづらいと考えているならば、選択肢はそう多くはないはずです。

また改めて考えていただきたいのが、自分自身がその当事者になっていないかです。自分が可哀想や他人が悪い、のマインドを繰り返していないでしょうか。

単純に堂々巡りのマインドをお互いが繰り返していることに、注意深く意識を向けなければならない時もあります。

傷つくほうが悪いと思い込んでいる時代では、過度に攻撃的になって自己防衛することが、正当化されるようになります。時代が変われば人間関係のつき合い方も変化し、そこに対応していかなければいけないジレンマが、人生の中で何度となく訪れます。

「何者か」にならなければいけないのか

「相対的」な社会の中で一歩秀でた存在になるためには自分自身が「何者か」にならなければなりません。

タレント、歌手、俳優、有名起業家など名前を聞いただけで「あーあの人ね」というものもあれば、SNSの台頭により「何者でもなかったもの」がSNSでファンを増産したり、また、youtuberであれば面白いコンテンツを提供することによってバズったり、「何者か」になる方法にも多様性が生まれ始めていることは見過ごせません。

会社員を選んだ場合でも、「相対的」な競争は強いられます。

出世コースは自分には無関係だと思っていても、会社に地位やポジションがある限り社内の「何者か」になりたい人間に影響を受けてしまいます。またコンテンツビジネスも低予算でしかも会社に属さずに、質のいいコンテンツを作る環境が整ってきました。「何者か」になることは、オンライン上で経済活動ができる資格です。オフラインの世界では、顔を付き合わせて信頼を積み重ねながら行うのがビジネスの慣習だった時代の商圏は限定的です。アナログな社会で提供される価値商品には地域差があったものでも、オンライン上では初っ端から部活動の全国大会のレベルのように、インターネットの空間を利用して顧客の争奪戦というたたかいが始まる世界では、価値商品の提供に地域差は加味されません。

個人がコンテンツを気軽にもつことが可能になり、自由度が高くなった反面、質の良い価値提供が以前にも増して要求されます。

「何者か」になるということは経済活動にも直結します。大きなメディアの露出度に限らずSNSを介して「何者か」になる人間は顕在化され、その中から自分に適した「何者か」を選別します。そして自分自身がそうなるために価値提供ができる商品を「何者か」に対価を払って学んでいきます。オンライン上で提供できる商品を作り、まだその価値を知らない「何者でもない」人間に価値提供をして始めてビジネスは成り立つわけです。

ですから、顧客獲得のために集客をし、「何者でもない」人間を探さなければなりません。

こんな話があります。

あるパーティー会場でお互いが意気投合して仲良くなり、会話の中でビジネスの話題になりました。私はこんな講座を提供しています。入会しませんか、と言って相手は講座を勧めてきました。しかしよくよく聞いてみると同じ講師の同じ講座を学んだ生徒同士だったことを知ったそうです。要は純粋に仲良くなるために近付いたのであればよかったのですが、自分のコンテンツを売りたいためだけの、ただの見込み顧客（リスト）を探すアプローチだったというオチが後になって分かったそうです。

私たちは、**相手にどの程度利用価値があるかを意識的にもしくは無意識に見積もっている傾向があります。**

どれほど親切でも、なんの権力ももたず、たいした能力もない相手はほとんど役に立たないと**格付けされる**傾向があるわけです。有能なものに魅力を感じ無能なものを避けることは、人間の本能だともいえますが、暴力やハラスメントを社会が監視し、過敏に反応する社会になれば、また新たな権威が台頭します。それはお金や知名度を武器にした新しい封建制度のたたかいが水面下で起きていることを意味します。

全国大会で勝ち残っていくには「何者か」にならなければ経済活動に支障をきたします。勝ち残るために、日々さまざまなことを学んでいくのは、経済活動として必然なように見えますが、その一方で**オンラインの世界で見えない顧客獲得競争が行われ、人間関係の摩擦も形を変えて潜んでいることで生きづらさに気付く場合**もあります。「何者か」になりたい需要と「何者か」に学びたい供給が一致していると仮定するならば、そこには市場ニーズがありますが、鼻息荒く「何者か」になることが**果たして人生の最重要課題なのか**は、一旦冷静に見るべきではないでしょうか。

第二章　自分の感情をコントロールする

身近な人があなたの人生をのみ込んでしまう

天才物理学者、アルベルト・アインシュタインの言葉にこんな名言があります。

「常識とは18歳までに身につけた偏見のコレクションでしかない」

この言葉の本意は、学生生活の十八歳を経て、形成したはずの自分の常識も非常識である、ということです。考えてみれば、日本は民主主義国家です。その意識の自由さの中に個々人の立場が存在します。

自分の友人、さらに親友であっても自分とは正義の定義が違ったり、逆に悪の定義が違ったりします。一八歳の時点ではまだ分からないかもしれません。いろんな人と出会い、別れた経験が人を見抜く力やスキルにつながりますが、**年齢の若さが「相対的」な社会からは未熟な人間と判断されがちな、不安定さと曖昧さがそこにはあります。**

人生をより良くさせたい、の想いとは裏腹に、身近にいる人と何気なく交わす言葉や、インターネットで何気なく見ている情報が少しずつ脳に影響を与えてしまい、良くない方向へ導かれる可能性があることは無視できません。SNSの浸透は、不特定多数の感情や思惑が注入された情報を知らず知らずに受けている恐ろしさがあります。経済社会でブレイクスルーした人間は成功者として羨む存在です。そしてその成功体験をマスターできれば自分も同じように紋切型の成功者になれると希望を抱きます。

時には飼い猫のようにその人間にすり寄り、あたかも成功者のように振る舞うことは、表面的な成功者に見せるために効果的です。さらに効果的なのはネズミのような食い物を探して食物連鎖のような経済階層をつくることも有効打でしょう。

自身のブランド偏差値を基にした成功者像が「絶対的」だと思うナルシストの主張が果たして幸せに直結するのかは疑問の余地は残しますが、DX社会の過渡期において、分かりやすい訴求が、現状すんなり運用できているならば、そこにはニーズがあるという切り口で捉えることは可能です。

社会が多様化し、人の趣味嗜好も多様化しているのにも関わらず、分かりやすい成功者に群がる集団意識に限れば、多様化していない矛盾を感じます。時代のトレンドは形や品を変えたとしても、今も昔も大して変わらない結論に向かうのはなぜなのか、皮肉と自戒をこめてお伝えしておきます。

社会に溢れ出してくる情報を有益にしたいならば、出会う人物や情報のミスマッチは避けなければなりません。そして情報を受け取る自分にも本物を見抜く力が兼ね備わっていなければ、折角の出会いにお宝が眠っていたとしても、いつの間にか泡のように消えていく関係になっていきます。

すべてを今すぐに知ろうとは無理なこと。雪が解ければ見えてくる〈by　ゲーテ〉

依存という毒

依存とは何でしょうか。パートナーや家族、大きな枠組みでみれば会社や国家は集団として形成されています。集団に属することで、**何か不都合があれば安易に家族や国のような集団に責任転嫁しているなら、他者への依存が進行しているのかもしれません。**

例えば、学校を自分の意思で決めずに親に決められた子どもは、進学先で嫌なことがあればそれを勧めた親のせいにもできます。しかし親に勧められ、強要されたとしても親はその学校に通うわけではありません。このような親子の関係性だけでなくても、誰かのせいにしながら自らを肯定し続け、べったりとその関係性を保とうとする依存型の人間は日常の中に潜んでいます。

自分の軸をもち行動している人物と依存という毒に侵されている人物は、一見、同じ行動や発言をしていても、心の源泉に大きな意識の違いがあります。

誰かに頼る傾向がある、と自覚している人は依存ではなく意図的に自分の特徴としてそう捉えている傾向が強いので、行動と心の状態に大きな乖離は見受けられません。厄介なのは、誰かに依存しているのに自覚なく無意識に行動している人間です。

依存型の人間はそういった意味で、被害者の皮を被った加害者といえる点でいえば見過ごせません。環境が許すならば、同じ土俵に上がらず、静かに離れていくことが精神上の得策です。

間違っても同じ価値観で考えてはいけません。依存型の人間すべてをまわりから排除しようとするのではなく、生まれた時は家族を含め、他者に助けられる「絶対的」な生の真理に照らせば、誰かに頼る傾向が意識の根底にあるのは、自然なことです。人生の巡りあわせの中で、自身の進化の中で起きる偶然の小さな意識に感度を合わさなければ、見えない世界の大きな罠を回避できないかもしれません。

虚しさとは何か

受験が終わって全く勉強しなくなった
高校の部活が終わって遊ぶようになった

青春の思い出作りの第二ステージが高校を卒業した頃にスタートします。

こういった感覚は最初、解放感があって楽しいと思っていても、どんどん同じ生活を繰り返し、現実に引き戻される機会が頻繁になれば虚しさを感じ始めます。生産的でない生活は若い時代の夏の思い出のように、儚（はかな）いものです。なんとなくそれは燃え尽き症候群のような意識だったと後から思う場面もあります。

虚しさは何歳だって感じるものです。

以前より疲れやすい、朝起きると疲労感がある、風邪をひきやすい、頭痛や胃腸の不調を感じることが増えた、こういった身体の不調から虚しさを感じることもあるでしょう。

今の生活に限界を感じ精神的に参っている、仕事に興味を失った、やる気がしない、何もせずに何時間も過ごすことが増えたり、たびたび思考が停止したり、自発的に動けなくなったり…。このように心が不整脈のような不安定さに陥ることもあります。

では、虚しさから逃げることはできるのでしょうか。

まずはこの**虚しさに意識を向けることから始めてみてはどうでしょうか**。今虚しくなっているなあ、と自分の内面と向き合うことです。虚しさを感じやすい人の特徴は、感受性が強く落ち込みやすい気質であることは少なからず認めなければいけないでしょう。

例えば、他人からあなたは自由でうらやましい、といわれた時、うれしいな、とご機嫌になる人もいれば、嫌みをいわれた…と心にダメージを受けてしまう人もいます。後者のタイプの場合、日常の中で何かと落ち込む機会が多いと自信が持てません。それどころか、自己否定を重ねて自分は空っぽな人間だと思い込み、虚しい気持ちが増えてしまうことを考えると感情の複雑さを感じます。あの人はすごいな、それに引き換え自分は…とよく他人と自分を比べてしまう人も、虚しさを感じやすい傾向にあります。

他人と自分とを比べることは、人として自然な感情です。虚しさを感じやすい人の場合、自分が人より勝る部分はスルーし、劣る部分にばかり注目しやすい傾向があります。自分は人より劣っているという思いが強ければ、自己肯定感を育めません。どうせ自分なんて…と負の感情に苛（さいな）まれ、何事にもやる気が出ない怠惰は徐々に虚しさに変わっていきます。

程度はあれ、**人には誰しも承認欲求が存在しますが、虚しさを感じやすい人は、この承認欲求を内面でうまくコントロールできていないのかもしれません。**

みんなに認められたい、自分の価値を知ってほしい、という気持ちが人よりも強い分、それが叶わない現実だと錯覚した時、満たされなさを感じ、虚しさで苦しんでしまいます。承認欲求からくる虚しさが行き過ぎれば、周囲に対して攻撃的になる人も少なくありません。

他者がアピールしてくる、**自分には価値がある**、という自尊心を満たし続けなければ、直接的な攻撃でなくても間接的に人間関係を悪化させる時限爆弾が心の中に埋め込まれます。

これら満たされない他者の重要感を満たすために最善を尽くすことは、相手が正しいか正しくないかどうかなんて関係のない世界です。

他者に認めてもらうよりも、まずは自分で自分を受容することに精神を集中すればいいはずですが、それができないから自分を尊重してくれたり、自分を高く評価してくれたりする人を常に探し求めているともいえます。虚しさや別の負の感情を呼び起こさない為に、といっても大袈裟ではありません。

そして次に知っておくべきことは、**虚しさはネガティブな感情だけではないということです。**

虚しさに対して、ネガティブな感情だからあまり感じないほうがいいという側面はありますが、虚しさは必ずしも悪い感情ではありません。虚しさのポジティブな側面も触れてみます。

虚しさは、ポジティブに解釈すると余裕があるからこそ持てる感情ともいえます。日常的に命の危険を感じていたり、睡眠時間すら確保できないほど忙殺されている状況では、虚しさを感じる暇さえありません。精神的、物理的にある程度の余裕があるからこそ虚しさを感じられるのです。そのため、虚しさを感じたら**自分は今、虚しさを感じられる余裕がある、**とポジティブに捉えてみるのもよいでしょう。

そうは言っても、虚しさを感じている心の隙間に別の感情を埋めこめば、より充実した生活を送るきっかけになります。**虚しさを感じるのは、自分の心の中に何らかの満たされない思いがあるからではないでしょうか。**その正体を知り、自分についての理解を深めることは、より魅力的な自分へと成長するための大きなヒントになります。

私の経験でいえば、虚しさを感じたのは若い頃の失恋です。アメリカと日本の遠距離恋愛が終わり、彼女が日本に帰国して数ヶ月後に別れました。喧嘩をきっかけに次第に疎遠になり、プライドが邪魔をして本当の想いを伝えることができないまま、関係が途絶えました。互いに上昇志向は強く、就職活動に苦戦を強いられている私の一方で、数ヶ月後、優良企業に見事採用された彼女の結果を聞いた時、虚しさが増したのを覚えています。

決して祝福していなかった訳ではありませんが、他人が上手くいく称賛も、自分が思うような結果が出なければ、刺々（とげとげ）しいものになります。

この時、虚しさのささくれを取る対処方法として日常を忙しくしていきました。仕事を頑張り、ビジネス書を読み漁り、理想の自分を作り上げることが唯一の打開策だと思い、躍起になりました。毎日頭の中を仕事のタスクで満たし、**成長していることを少しでも感じられれば虚しさはマシになります。**最初の処方箋としてはいい方法です。

しかし、結論は付け焼き刃の解決策だと言わざるを得ません。上手くいかなくなると途端に虚しさは増大します。他人の失恋を、周りの友だちが「女（男）なんて他にもたくさんいるよ」と無自覚に言っているのと考えの構造は一緒です。自分の脳を誤魔化しきれないのは、重症患者にコンビニで売っている栄養ドリンクを差し出して気を紛らわすようなものです。ひと言でいえば他人事の境地です。

肥満は生活習慣病です、と小学生の児童に足し算を教えるかのように医師に論されることも、生活の積み重ねの中でそうなっていることも自分は重々承知しているわけです。肥満体質の人にどうやったら痩せられるかのアドバイスは、食事制限と運動をシンプルに積み重ねていくことが正攻法だと伝えるのが賢明です。されど思うようにいかないのが人間の性（さが）です。

一見、単純に見える解決方法に心が向かないのは生活習慣病の治療のように、虚しさもそう捉えたほうがよさそうです。

虚しさという曖昧な感情がマイナス方向に触れた時、人間の本質的な弱さを肯定して「だって人間だもの」に頭が集約していきます。また、誰にも迷惑はかけていないから大丈夫だ、と自分を言い聞かせることもいつもの常套句です。すべて結局は**意識を変えて時間が解決させていくしか方法はないのかもしれません。**

「ストレスを発散することはできません。溜まる一方だからストレスを忘れるしかない」という言葉もあります。虚しさもこの境地のように半ば強制的にパソコンの主電源を切るように強引な精神論を持ち出すことも致し方ありません。

意識を変えるマインドセットのひとつに、**自分の力でコントロールできないことを悩むのは無駄**だと理解させることです。客観的な事実に対して、自分が前進できる、向上できる、幸せになれるような前向きな意味づけだけを抽出していければ、無駄ではなかったと思えるポジティブさに変わります。

大事故だったのに骨折だけで済んだ（本来なら命に関わる事故だったかもしれない）

失恋してショックだったけれど、それを糧に頑張ったおかげで今は夢だった独立を果たし幸せな生活を送っている。（当時は魅力的な自分になれていなかった）

など。

一方で、もしかしたら自分自身の「絶対的」に生きる基準の設定の甘さが虚しさを作っているかもしれません。

理想の未来の自分が、もともとの生きる意味や人生に対する目的に最も厳しい基準で今の自分を見ていれば、虚しくなる時間さえ勿体ないと感じるに違いありません。

他と比較する「相対的」な生き方ではなく、「絶対的」に自分の内面に意識を向ければ、他人との競争に参加せず、未熟な自分とひたすら戦うことに注力できるはずです。

それができないなら、**なんとなく生きている自分の未熟さだと認識してもいいのではないでしょうか。**

第三章　生きづらい社会の本音

「絶対的」な生き方の中に潜む罠

「絶対的」な境地で生きることは、さまざまな角度からみると一体何でしょうか。社会が「相対的」な環境である場合、他者の意見や行動に左右されない「絶対的」な信念をもって生きることは社会に相反する生き方ではないか、ともいえます。

これはどういうことでしょうか。

「絶対的」に見える生き方を他の言葉で言い換えれば、以下のようにもいえます。

- 時間に縛られない生き方
- お金に縛られない生き方
- 自分らしく生きる生き方

これらは他者や環境によって影響を受けにくい生き方です。ポジティブに生きているように感じられる反面、さまざまな制約の中で生きている現代社会で誰もが簡単にできない実情もあります。

時間に追われることでストレスを感じている、そんな人は少なくないはずです。特に日本人は多忙を極める民族であり、女性の睡眠時間は世界一短いというデータもあります。

時間があれば、仕事だけでなく趣味にもチャレンジしてみたいと思う気持ちは自然な欲求です。やらなければならないことだらけで時間が割かれた日常ならば、本当にしたいことや、何もしなくていい時間を作りにくいのはいうまでもありません。

お金に縛られない生き方も理想的です。老後にかかるお金の問題をそれぞれの個人が抱えているだけでなく、家族を支えていく立場ならば、経済面は嫌が応でも考えなければいけない現実があります。趣味の旅行ももっとできるのに、たくさん外食をして自炊から逃れられるのに、そう考えることが日常で多くなればお金が解決してくれます。今も昔も社会で生きるには何においてもお金が人を悩ませます。そして何より

・・・・自分らしく生きたい

それは人間の本能的な欲求です。例えば、自分のペースで仕事をすることだったり、時間やお金を気にせず趣味を楽しんだり、ストレスフリーのワクワクする生き方には自由度があり「相対的」な社会環境ではうらやましくもなる生き方です。

突きつけられる「現実」

一方、さまざまな経験と年月の中で、自分らしい生き方に否定的な意見に辿り着いた集団には現実味の無さを懐疑的に捉えられ、ただの理想だと揶揄されるのがおちです。

ただ問題なのは、全員がこんな生き方をすれば、社会自体成り立たないのは容易に理解できます。ネット社会に蔓延する薄っぺらな情報を鵜呑みにしている人種にとって、簡単にお金が儲かるというネット広告や海外のビーチで楽しそうに遊んでいるSNSに踊らされていれば、そこには現実味がありません。しかし見方を変えれば、先に述べたように時間やお金に縛られず、自分らしく生きるのは自己中心的です。皆が皆、自己中心的な生き方をしたら、果たして社会はどうなるでしょうか。本来ならば、そうしても壊れない社会であるべきですが、世の中はそう上手くできていません。

エッセンシャルワーカーという言葉を聞いたことがあるでしょうか。例えば医療従事者や公務員などは社会に必要不可欠で、生活の基盤を支えている人です。エッセンシャルワーカーになれば休みを自由に取ることは容易ではありません。世間の目や、属している集団の目もあり、一度働くと辞めることも困難と感じがちです。結果、体調を崩して退職以外に選択の余地がなくなるケースもあります。

自分らしく生きるという価値観は、あなたが上司になってマネジメントする立場なら、危うい思想に映るかもしれません。それを是としないなら、あなたはその勢力をつぶそうと働きかけるかもしれません。

上司には上司の立場としての責任が伴うわけですから、自分だけのことを考えてはいられません。部下のことや会社の利益を考え、周りを見る目が備わっているのが、上司のスキルです。そうなると、やはり自分らしく生きたいと思う部下の感情は圏外へ弾き飛ばされ、上司として節度を保つだけでなく、煩わしさは排除すべきだと過剰に反応することも時にはあります。

一見、**自分らしい生き方はうらやましいものですが、うらやましさは常に妬（ねた）ましさと表裏一体であることも忘れてはいけません。**思うままに生きることは、周りから妬まれる可能性があることも覚えておくべきです。特に共同体の特性をもった会社という集団で、自分らしさを追求すれば社内の主流派の総意は得られず、期せずして人間関係を悪化させる要因になってしまうこともあります。

想像力が欠如している社会

実力主義の世の中になれば、会社の中や社会の中で勝ち組と負け組が生まれます。文字通り、実力があるかないか個人の実力が問われています。

そして**コミュニケーション能力は、いわゆるルールがあるようでないガチンコの世界に突入していきます。**相手がどう反応するかは未知の領域ですから、それに対してアドリブで上手に返せるかどうかは今の時代にとても重要なスキルです。

ここでひとつフォーカスしたいのが、**一見弱者のように見えるものが強者になり得る**、そんな場面も日常を見回すとよくあります。

まず男女格差について考えてみます。

実社会は以前から男性優位に見えますが、ＳＮＳ社会だけ捉えるならばどうでしょうか。画像に特化したインスタグラム（インスタ）というＳＮＳがあります。インスタの現状を客観的に俯瞰すれば見えてくることもあります。表面的に映える（ばえる）という言葉を使うなら「相対的」にみて女性の方に優位性があるのではないでしょうか。

女性は感覚的に他人の視覚に訴えるのが上手で、それがインスタというＳＮＳで活かされています。おいしそうなケーキ、思わず行きたくなるような旅行スポット、つい買いたくなるように商品を上手く見せる能力も長けていると感じます。そして、自分自身を自己ブランディングして、存在を高めることも優れているようにみえます。

年齢で考えるとどうでしょう。

ＩＴ能力は現代において、重要なスキルの一つですが、ＩＴ教育を受けていない、もしくはＩＴ教育の必然性を感じているものの「相対的」に年齢が増せば、専門的な知識を積極的に学ばなかったシニアや一部のミドル層のほうが技術的な理解度が乏しくなるという点で、ＩＴ格差にも顕著な開きがでているのが現代です。

ＳＮＳに動画や写真を載せるのも若年層が「相対的」に上手です。感性が凝り固まっていない柔軟さと、若者のおかれている環境は、いつの時代も学校のような画一的に小さな共同体で濃い競争にさらされている点では、自然と感覚は研ぎ澄まされていくのではないでしょうか。

SNSには心無いコメントも溢れかえっています。

ＳＮＳの現実世界との相違は、力がない人間も強い言葉をいえてしまうことです。現実世界では、上司や年配者の方が立場上優位で、部下や年下は何も言い返せないという状況も多いでしょう。ところがＳＮＳでは誰もが自分の言葉で自由に発言できる性質がある一方、心無い言葉を言い放つことも可能です。

知りたい情報を手軽に（インターー）ネットで調べられますが、指先ひとつで情報が労せず簡単に入るということは、情報の価値が希薄になるということです。

ネットを娯楽で利用することは有意義です。情報を検索して内輪で会話が盛り上がるには便利なツールです。情報依存の社会で、何か知識を知っていることを優れていると思い込むことは一旦落ち着いて考えるべきです。言い換えればネットで調べた情報をまともに信じ、軽率な言動を繰り返すことは、意見をもたないことよりも薄っぺらなことにもなりかねません。

現代人が情報過多になっているのはいうまでもありません。情報過多な社会において、情報依存の弊害は、偏った情報を鵜呑みにしやすい環境だということです。

楽しむにはいいコミュニケーションツールですが、**情報過多がもたらした最大の罪は意見の過多であり**、突き詰めれば意見さえもありません。ただあるのは**情報処理に対する知性の欠如**だともいえます。

答えをあまり持ち合わせていない議題でさえも、専門家のようにそれらしく論理づけて語ることは、意見よりも浅い反応をしているだけの所作だともいえます。**ただただ人を傷つけていないのを祈るばかりです。**

ただの反応を意見だとはき違えていることは、ネット社会全体に浸透した大きな悩みです。

その結果、誰でも閲覧出来るＳＮＳに悪意のある反応を書き込んでしまうのがその証拠です。

文脈や情感を読まずにＳＮＳにおける誹謗中傷も含め、ある人間に仕立て上げるために、都合のいい情報を埋め合わせ、批判しやすいキャラクターを作り上げ公開処刑を繰り返しています。

こうした他人に自分の具合の悪さを責任転嫁出来る人は、**自分が同じことをされた時の想像力が欠けています。**なので、自分がされて感じる嫌悪感という感覚を他人事へと追いやり、簡単に人を傷つける行為が出来てしまうわけです。

自分の意見が正しい主張だと感じているならば、本人を目の前にしても言えるだけの説得力をもたなければいけないわけですが、ＳＮＳでは現実の社会的格差は関係ありません。むしろ誰とも分からない影武者を作り出し、対等、もしくはそれ以上に発言します。そこには愉快犯ともいえる辛辣なコメントこそが自分の存在価値だと錯覚させてしまう危うさもあるわけです。

また、リアルなセミナーや講演会で、主催者の進行を無視し、聴衆の立場で一方的に文句を言うことや、的外れな議論で時間を奪う時間泥棒に遭遇する機会が増えたと感じるならば、まさに笑えない喜劇があらゆる空間で繰り広げられているといえるでしょう。

誰もがなり得るハラスメントの「加害者」

ＳＮＳ社会でなく現実社会に話を戻しましょう。

一見社会的に力を持っているような人間も、例外なくこの洗礼を受けています。ハラスメントであるセクハラ、パワハラは社会的強者が行っていますが、それを**逆手にとって被害者が加害者になっている場合**もあります。

今やハラスメントは自分が加害者ではないと思っていても、相手が嫌だと感じればハラスメントが成立してしまいます。ですから、たとえどれだけ気をつけていても、相手次第でハラスメントの加害者になる可能性はあるのです。

もっと言えば、「弱者」の個人的な嫌いという感情だけで、ハラスメントもコントロールされる世の中です。また、社会が衰退すると自己肯定感の低い人間が、多く顕在化していくのも現実として受け止めなければいけません。

繊細さんの感情や凡人の日常感覚を否定することは、政治家から上司、教師たちが社会的強

者に当てはまる時点で、弱者に対する配慮や行動がそこになければ、致命的となりうる環境が成立しているのです。芸能人が炎上して社会的に抹殺されるのは分かりやすい例です。

また強者が強者たる由縁のコミュニケーション能力は、本質的な正しさよりも見せかけだけの正しさを扇動するだけで、強者の利害に利用されるだけの一方的なコミュニケーションがところどころで行われていることは、長い目で見れば軽視できません。真剣に考えれば考えるほど、何が正しいのか、本質とは何か、負のスパイラルにハマっていくことも容易に感じ取れます。だからこそ、真面目な人ほど心にダメージを負いやすいのかもしれません。

幸せとは何なのか、この原点に立ち返った時、誰とも関わらないという結論が出る論理は、一定に理解が必要になってきます。

この結論に達することができれば「引きこもり」「ネガティブ志向」「ＨＳＰ」など一見異質に見える精神的な性質にも寛容になることは当然だといえます。

セカンドチャンスの期待も、時間的優位性から若いからまだやり直せる、そう思い込めることが若さの特権だったのに、強者によって、**時には弱者によってコントロールされる世の中だ**

と仮定すると、**いつか幸せになれるという期待よりも、いつか足元を救われる恐怖の方が勝ると考えてしまえば、人生の先行きは重苦しいものになります。**しかしギャンブルのように思える人生の恐怖の延長線上にも明るい未来があるとするならば、**時間がいつか解決すると自己肯定感の低い人には大丈夫、**そうとも伝えたいのです。

第四章　相対的な社会で生きること

平等に対する違和感

日本人には、平等でなければいけないという風潮があります。これは潜在意識に刷り込まれているといっても過言ではありません。歴史的証拠に裏付けされた議論を持ち出さなくても、日常で顕在化していることをなぞれば理解の範疇です。世界の大半はそれぞれ育った環境は違っていても、法の下では平等です。性善説にたてば政治家は、民意の最大公約数の幸せを具現化しようと努めています。本来政治には弱者を守る義務があると信じたいですが、中途半端な政策になれば社会的弱者に対する救済が足りなくなります。

国からさまざまな経済的援助もあります。給付金、補助金、助成金など一定の条件が整えば、国からこれらの支援金は受給されますが、受給資格があっても国から丁寧には教えてはくれません。また、その情報を知っていたとしても申請の煩雑さに嫌気がさし、あきらめてしまう声もよく聞きます。**情報社会では、知らないというだけで損することが加速度的に進んでいきます。**「相対的」に断片的な情報に右往左往させられている情報弱者が社会的弱者になっている事実があり、複雑に入り組んだ社会の中で情報を上手くキャッチできなければ、受け取れるはずの恩恵に辿り着けません。

平等と公平さとは

もしかしたら勝手に平等だと思い込んでいる大半の意識は、公平という基準の中のものだったりします。**平等は、**すべての人間が同様の価値ある人間として社会から扱ってもらうことが**当然の権利**であると定義づけるならば、**公平は、**パーソナルデータに関わらず、偏りのない客観性が判断されている**冷静な概念**です。

平等と公平の意識の違いは似て非なるものです。そこをはき違えて平等を主張しようとする余り、平等という目には見えない魔物に縛られた環境に身を置くと、その共同体は疲弊を繰り返します。平等や公平に対するニュアンスの違いに敏感に反応せずとも、人間の心理的本質においで、単純に「**ズルい**」の単語をどう解釈するかで片付けられます。ここでひとつ言っておきたいのが、平等や公平をこと細かく定義することではないということです。やるべきは、**自**

分の人生を幸せにするための思考であり、思考を言葉遊びの議論で怒りのナイフを向けることではありません。これは思考の訓練によって直せるスキルともいえます。

間違った思考の部分に焦点を当ててしまうことを、**「フォーカシング・イリュージョン」**といいます。

お金持ちになれば幸せになれる、結婚したら幸せになれるといった「相対的」な幸せの共通認識を、さも「絶対的」に正しいかのように錯覚してしまう心理現象です。10万円のワインと1000円のワインで、100倍味が変わるかと言えばそうではありません。当然そこには個人の好みが入るからです。幸せの定義も複雑かつ多様化している中で、概念にフォーカスすることには何ら意味を成しません。

例えば、仕事で信頼していた上司から叱られた部下がいるとしましょう。その部下はひどく落ち込んでいます。部下にとっては自分の人生のすべてを否定されるほどの霹靂（へきれき）でしたが、その落ち込んでいる内容について一旦立ち止まって考えてみてほしいのです、果たして上司は部下に対して人格否定をしたのでしょうか。あくまで叱った内容は仕事のやり方です。人格と行動を結び付けてはいけません。怒られたという感情のジャッジによって自分の全人生を否定されたと思い込んでしまうのは、今までの人生経験に基づく個人の思考のクセによるものが大きいのではないでしょうか。仕事が終われば上司との関係はノーサイド。これは勿論、上司側の立場でもいえることです。この考え方はさまざまな場面に応用が利きます。頑張ったのに怒られたと認識した部下と、成長を期待して指導した上司の間における感覚の相違は会社内のストレスを助長しかねません。

論理的な判断ができる思考が豊かな人は、人には全員に公平に、人生を豊かにできるチャンスがあると考えます。偏った平等意識に導かれ、その偏った平等意識を使って、自分に対する扱いや他者との価値観の違いに於いて、公平であるか、不公平であるかの基準としてしまう人には、常に被害者意識が存在しています。日本において被害者意識の多い大人たちを増産していくのは、**偏った平等意識の環境の中で培ってきてしまった曖昧な不平等意識に原因があるのではないでしょうか。**そしてそれは、論理的な思考とはかけ離れたものです。

例えば、同じ役職で同じ仕事量をこなしたのに対価（給料）が違えば、不公平感がそこには生まれます。公平に見える評価を考えた時、総体的な量を点で見ればそう感じてしまうでしょう。しかし、一見不公平だと感じるような事象でも、見方を変えればそう感じないことだってあります。同じ仕事量をしたと本人が思い込んでいたとしても、多発する仕事上のミスや周りとのコミュニケーションに問題があれば、評価は分かれます。

もう一度、平等について考えてみると男女平等という言葉があります。男女平等は「相対的」な社会で見れば、性別で仕事の選択や機会の自由が偏ってはいけないのは議論の余地を見出せません。しかし、スポーツの世界ではどうでしょう。オリンピックで男女平等を唱えて男女混合で競技をしてしまえば、身体能力が「相対的」に高い男性の方が有利に感じます。男女が同じフィールドで競技するのは、現代のスタンダードな考え方において違和感を拭えません。

突き詰めていくと、心の奥底では平等も公平も理解し難いという結論に向かい始めます。そう軽々に語るには取扱注意な領域にも感じます。それぞれの今置かれている立場でも捉え方は変容します。都合良く解釈される危うさは、その時代のなんとなくの力学に応じなければなりません。

悲観主義者はあらゆる機会に問題を見出す・楽観主義者はあらゆる問題に機会を見出す
〈by　ウィンストン・チャーチル〉

イギリス元首相の言葉です。

先ほど挙げた、同じ仕事量をしたのに評価されていないとすぐに他責する人間と自責に感じる人間の例です。**不公平と感じるか、チャンスと捉えるか、当事者の意識の違いはエネルギーとなり、周りに伝達していきます。**不満を口にする部下と反省して改善しようとする部下の双方に対して、健全で公平な判断ができる上司はどうジャッジするでしょうか。

被害者意識の強い者はいつも何かに対して文句を言い続けています。しかし、相手が悪い、世の中が悪い、というだけでは、そこには生産的なものは何も生まれません。

一見幸せそうな人も、もしかしたら大きな悩みを抱え、挫折を乗り越えて今があることを察することは大げさな話ではありません。こうした**他者に対して、想像力を働かせ生きることは「思いやり」です。**そう、自分だけが不幸せではないという想像できる崇高さが思いやりにはあります。

他人の足元ばかりみて、論理を構成する人間とは一線を画しています。自分のことで精一杯で思いやりなんかもてないのが社会の枢軸ですが、毒を盛られた自分本位の言ったもの勝ちの煽られる世界に解像度の高いフィルターがかけられるようになると、見える世界が大きく変わり、穏やかに生きるきっかけにもなっていきます。毒のすべてを排除するのではなく、受容しながら受け流す術を学ぶために心の解放は避けては通れません。目の前のことに追われる飽和状態の意識下では、良い思考が入って来ないからです。

自分の心のアク抜きは大切です。そして、それが済んだら、改めて自分に目を向けて見ると、新しい気付きが心のすき間に詰め込まれていきます。心は更新されて論理的思考へ移行していくのです。

そのためには、表面上の現実世界をなぞるのではなく、もっと**見えない何か**を感じていかなければなりません。**日本人が持って生まれてきた、察するや思いを馳せる、という素晴らしい特性を今一度回帰し、全く新しいより良い意味へと繋げていくこと**が、日本人として生まれた本当の、「相対的」な社会で「絶対的」な自分を探すコンパスを見つけるきっかけに繋がっていくはずです。

優しくあれ。人は誰しも戦っているのだから〈by　プラトン〉

人はそれぞれ事情をかかえ平然と生きている〈by　伊集院静〉

「相対的」な社会から逃げればどうなるか

あなたが中学生のころ、足が速かったとします。校内の学年で1位、県大会になれば入賞。しかし全国大会では予選でもいい成績を残せません。これは「相対的」に見た時、自分が今、どのポジションにいるかを認識させられているのです。

スポーツに限らず、偏差値教育や会社の昇進でさえ、「相対的」社会の中で生きていることを実感させられる事象です。中学校では成績表が学年の上位であっても、学力に合った高校に進学すればそこそこの成績だった、そんなこともあります。

会社内の部署のような小さな世界ではお山の大将だったのに、昇進して立場が変われば井の中の蛙だったことを知る機会もあります。そして周りがバリバリ仕事をこなす現実を目の当たりすれば、劣等感を抱くこともあるでしょう。

もしこの「相対的」社会から逃げ出したければ、逃げ出すことは戦略的に可能でしょうか。一般的に考えれば、学校や会社の中から逃げ出すことは物理的な側面よりも、精神的難易度が高いものです。何か組織に属したとたん、人間は急に「相対的」な生き物になることはあなたの経験からも理解できるはずです。

厄介なのは、人間には大きな所属欲求があるということです。「相対的」な社会から逃げ出したいけれど、どこかに属していたい、そんな矛盾した感情を抱くことになります。どこかに所属していれば、見えない敵から逃れる安堵感はあるかもしれません。**自己の存在をポジティブに意識してくれている集団には、安らぎを見つけやすいかもしれません。**

他人から評価されない代わりに、自分と他人を比較しないで生きることは「相対的」な社会では孤立を意味します。

SNS全盛の今、見知らぬ赤の他人と自分を見比べて凹むことは、スマホに依存していれば日常の日課であり、何ら特別な悩みではありません。誰かに影響を受け、考え方を変えられることは、マイルドな自己否定を繰り返しているともいえます。

言葉を変えれば、無意識のうちに競争の中にさらされているということです。常に人と比較される社会に嫌気がさしているならば、心のどこかでいつも絶望感を感じているのかもしれません。別に人と比べられるために生きているわけではないのに、**社会に属するだけで常に誰かから評価を下されている…**。そんな日常に嫌気が差してもおかしくはありません。

例えば新しく挑戦することがアートだとしましょう。誰かに見てもらいたいと思えば、個展を開かなくてもSNSで自分の作品を披露できる世の中です。少しでも上手く描きたいと思っていても、自分より圧倒的に上手な人をSNSで何人も目の当たりにすれば自信を無くすかもしれません。好きにアートを描けばいいのにそうできないのは、SNSでアートを披露できる仕組みの中で「相対的」に自分を見てしまったからです。勝手に自分と他人を比較して、ダメだと決めつけてしまっています。

自分が無意識のうちに競争に晒されることが本意でないならば、情報を遮断して他人と比較しないことも選択肢のひとつです。趣味の領域であれば、そもそも日常の余暇として捉え、他人の発信は参考や憧れとして見ればいいだけです。

「相対的」な自分の立ち位置を理解して進んでいくといった、原始的で、地道な解決策を深く意識することだったりします。心の持ち様はこれからの人生の岐路を大きく変えていきます。どんなにどん底の現実でも、すぐに変われないことにがっかりするのではなく、すぐに変われないことを覚悟して、少しずつ前に進んでいく必要があるのかもしれません。

生きづらい社会から逃げることとは、意識をどんなに変えようとしても、おそらく行動に躊躇を覚えるでしょう。

なぜなら人間関係の悩みと同等、もしくはそれ以上にお金が人を悩ませてしまいます。逃げられるだけのお金がないから社会から逃げられない人は大勢います。逆にお金さえあれば、早急に「相対的」な環境から逃げ出すことも可能です。すぐにお金を稼げるわけではないことは、社会から逃げることも難しいことを意味します。そして、すぐに意識や行動を変えることも人間の性質上、難しいのも理解しなければなりません。

一方で老後が不安だからお金をできるだけ貯めようとする行為も、キリがない負のスピイラルを形成する思考にも感じます。根拠のない未来への不安を感じることは理解できる一方で、勇気をもって行動していかなければ、**現世で自分の叶えたい大きな夢を実現するには時間が足りないのは目に見えています。**

仕事の仕方だってそうです。短い人生の中で効率良く時間と対峙しながら、幸福度を上げるために、本人の意思が宿っているかどうか自分自身に問うことで、とりわけ大きなやりがいへと繋がっていくはずです。それがなければ、仕事だと思い込んでいる仕事は実は無機質な作業であり、**時間の浪費をしているだけのつまらない生き方だともいえます。**

つまらない生き方をするには、人生は短すぎる〈by　ベンジャミン・ディズレーリ〉

いつまで成果を出し続けなければいけないのか

総じて都会に住んでいる人たちは、「相対的」評価の中にあるヒエラルキーにのみ込まれてい

るようです。「相対的」とは、何らかの比較の上で成り立つ様子や評価のこと。つまり、都会のヒエラルキーの中で生きている人は、他人からの評価を受けやすい環境に身を置いており、自分自身が生まれながらに持っている身分や立場はさほど影響がない（もしくは圧倒的に反論できないステージ上の他人事の世界をみせつけられた）世の中に生きています。無論、地方にも同じ現象が存在しますが、地方より都会のほうが競争社会に一層煽られる点で過酷です。

この考えは、メリトクラシーが時代とともに形を変えながら生息していることを意味します。**メリトクラシーとは、生まれながらに身分や地位が確立されている一昔前の世界ではなく、自分の能力や業績によって社会的地位が確立される概念**です。ただそこに生まれたからというだけで評価が決められてしまうのではなく、個人の能力次第でどうにでもなることは一見良いことのように思われます。

学歴社会で勝ち上がった人間の特権だった、年功序列の退職までの四十年前後のワイドな積立制度が、メリトクラシーであったはずなのに、親会社（日本）の業績低迷を理由に社会に出た途端、急に成果主義を持ち出されて、年功序列は悪であるという論調にディズニーランドのようなエンターテインメント性はありません。有能な人材を引き留める為に拡大解釈して、能力主義と成果主義をミックスソフトクリームのようにらせん状に論理を組み立てますが、そこには車や電化製品についている保証のような安心感はありません。一企業の統治制度もほころびが見えた途端、無鉄砲さを兼ね備えた当落線上にいない実力のない人間でさえ、悪い意味でモチベーションが高まっていきます。「愛と平和」を掲げる本質的な真理もうまいように利用することはメリトクラシーの社会では、道徳性よりも成果が重要視される環境では致し方ありません。サッカーのように服を掴んだ程度では一発退場まではいきません。一度は注意に留めてくれることを賢いプレイヤーたちは知っています。

都会で成り上がりたいと思って毎日頑張っているけれど、結局は「相対的」評価の中で勝ち上がった人間によってこき使われているだけだと、メリトクラシーの本質を若いうちは悟りがちです。成果を生み出し続けるだけの作業が「絶対的」な評価ならば、頑張っても報われない規律社会での有り様が、形を変えただけだともいえます。それでも我慢して辞めずに働き続けさえすれば、いつか報われる年功序列のほうが、ガチガチの高確率で当たる馬券のように確実性があります。いつ会社が傾くかわからない不安定さのリスクは、多様性で括られた消費者の嗜好に応じれば、供給側のリスク要因が上がっているのは容易に察することできます。「お客様のため」という反論できない社長の鶴の一声によって、コロコロ変わる組織の体制や給与制度は、ギャンブルにつき合わされているかのようです。

一体ぼくたちはいつまで成果を出し続けなければいけないのか。

謙虚に学び続ける姿勢も、成果がなければただの余暇として扱われることにもなります。**コントロールするのは、いつの時代も力の強いものです。**コントロールする側に誠実さがなければ負のスパイラルは助長されます。**勝者だと思わせた側の慢心と、弱者だと思い込んでいる側の屈辱は少しずつ精神を蝕み、その思い込みから社会での振る舞い方にも影響を受けていってしまいます。**そんな弱肉強食社会で、相手にどの程度利用価値があるかを意識的に嗅ぎ分けようとしている人種の存在も少なくありません。上手く取り込まれようと、力がある人間を「相対的」に嗅ぎ分けている人間は、傍からみるとしっくりこないのはなぜでしょうか。一方で生き残っていくために仕方なしと割り切った選択だとも考えるべきなのか、ニンジンをぶらさげて走らされている、江戸時代の士農工商のように農民が優れているといった情報操作ができる強者は、劣悪な環境がいつか楽園に変わる、なんの根拠もない**ポンジスキーム**を情報弱者に信じ込ませる関係性で社会のバランスは成り立っているようです。

結局、ルール無用のオセロのように力の強いものに、理不尽なルールを突きつけられ、最後は角を取られてひっくり返されるゲームのような現象に耐えなければいけません。「相対的」社会では、**「絶対的」な強者の論理の実力行使が、感情的に行われていることが多い事実もあります。**せっかく個人の能力によって、頑張れば頑張っただけの成果が認められる時代になったというのに、そういった新しい世界での処世術を知っている人間が、最後に勝ち残るのが今の社会です。

就職活動において、過去には顕在的なコネ入社を多く見かけました。生まれに影響を受けることは、少なからずいつの時代もあるようにみえます。一方で、生まれに関係なく周りから評価されるようになった社会でも、つまるところ昔と同じで他人による選別は嫌でもされるわけです。そして会社の中で働くとなると、やはり個人の能力が重視されて、役職や配置に関わる人事考課でふるいにかけられていきます。家柄や血筋は関係ない評価が下されるため、ヒエラルキーの上層部から評価が低いというレッテルを貼られてしまうと、一気に道は閉ざされます。そして、頑張っても最後には上から努力を搾取されて、先ほど述べたオセロのように、努力や頑張りが見えない場所で見えないルールでひっくり返されるようになったら、この世界をどうやって生き抜いていけばいいのだろうか。頑張ったら頑張っただけ評価される社会じゃなかったのかと、この時初めて社会の不条理に気付きます。

頑張っても正当な評価が下されないなら、一体どうやって「相対的」な社会の中を生きていけば良いのでしょうか。自身が属する小さな社会のルールを守り、ヒエラルキーの上層部にいる人間の言うことを聞くことが、今も昔も「絶対的」な答えなのか自問自答せざるを得ません。生まれによって評価が下されない世の中になったと思いきや、結局は権力に飲まれて生きなければ泣きを見ることになります。そしてその「相対的」な感覚は各組織にあり、会社ごと毒の盛られ方に特色があります。ハラスメントが規制されている昨今でも、人の目が届くメディアでは規制が厳しくなっていますが、外部の目が届かない社内の組織では仕組みは変わりません。今でも会社内の下層部の住人は我慢を強いられ、上司や社長など、権力に屈して生きていかなければ居場所がなくなる恐れがあります。仕組みや制度だけ取り繕うホワイト企業は、人間関係を見ると劣悪だというケースをよく耳にします。現在ほどコンプライアンスが厳しくなかった時代を生きてきた者が上司として会社を動かしているのが、世代間で見る今の日本の社会構造です。ですから、今も昔も、「相対的」に若い人たちがストレスを受けざる負えないところは依然代わり映えしません。

そんな状況の中、有り体に言えば、**長い物には巻かれること**は理にかなった処世術のひとつです。長いものに巻かれないことを貫き通す生き方もありますが、対立構造をあおる提案は、強者の論理の中でもがく無駄なエネルギーという割り切りも時には必要かもしれません。非効率な側面に絞れば、積極的に推奨できる作戦とはいえないでしょう。

一方で、弱肉強食社会を能動的に、積極的に巻き込まれる方法もあります。

消極的積極性という感覚を兼ね備えることで、**社内**から**社会**への評価へと意識は向き始めます。

キャリア形成の最初は評価されなくても、愚直に仕事に取り組めば仕事のコツを理解し、長期的に見れば実を結ぶケースは稀ではありません。ドラフト一位のプロ野球選手の全員が活躍できるわけではないことが物語る世の中で、いつしか引く手あまたのFA宣言ができる選手になることは本人も上司も経験していない未来では誰も知る術はありません。一年や二年で評価を勝ち取るのではなく、三年以上、いや五年、十年と小さな努力の積み重ねの中で、**消極的に**

仕掛けていくのです。長期的にブレずに培った仕事の深い気付きが、内側から湧き出る仕事の本質に姿が変われば、他者（上司）の短期的評価に屈せずに、次第に時間経過が味方をし、社会的評価に直結した人材への礎になる点では、積極的に仕事に向き合っているともいえます。

　また、指示待ち人間は会社で評価されないとよく聞きます。自分で考え行動できる社員は、指示待ち人間より一見有能に感じます。

　こんな話をある経営者から聞いたことがあります。

　自分から率先して積極的に仕事をするのはいいものの、どれもひとつピントがずれている社員がいたそうです。提案内容は素晴らしいものの、実現性に乏しい提案をしたり、上司を通さずに物事を進めてみたり、社内の顔と社外の顔に極端な二面性があり、陰口や批判をして誰かを咎（とが）めようとする傾向がその社員にはあったそうです。確かに積極性の部分が会社にとって有益になる場合もありますが、行き過ぎた競争をあおれば組織の歪みやまた別の問題を助長します。会社はひとりの判断基準の不適格な積極的社員によって、社内は疲弊し業績も徐々に悪化していったそうです。これなら消極的な社員の方がよっぽど良い、ということでした。どうやって積極的な社員を指導していくかということにかなり苦労している様子でした。

私がこの話を聞いて思ったのは、行動しない人を動かすよりも、**勝手に行動する人を制御する方がより難しい、**ということです。

自身が働く上での判断基準として、このような勘違い社員が多い会社で、それを制御できない組織であったならば、あなたにとってひとつの進退に対する**積極的判断基準**になるのではないでしょうか。

監視社会の中で生きること

また「相対的」な社会では、自分や他者を信頼する心の防衛策として装備しておきたい感情に自己肯定感があります。

自己肯定感が低いままだと周りにも不快な思いをさせ、ネガティブな発言で他人に影響を与えかねません。自己肯定感が低い人間が多い組織で気をつけるべき潜在課題は、エネルギーを内向きに取り込むことです。内向きな環境は、悪く言えば身内だけのルールに縛られます。協調、団結というポジティブな言葉で片付けられることもできますが、閉鎖的で封建的な社会を形成しやすいという特徴もあります。

社内チェックが厳しく、その社内ルールは社内を縛るためだけのものだとしたら、まさに形骸化しています。社員のモチベーションを下げる要因になることもあるでしょう。ひいては顧客の利益にならないルールになりうるなら本末転倒です。

また一方で、過度な仲間意識の果てに「縄張り主義」が顔を出すこともあります。これは「**セクショナリズム**」といわれており、営業部門と製造部門のあいだで仲違いが起きることや、自分が属さない他者のグループを批判し優越感に浸る、生産性のない「仁義なき戦い」ともいえます。現実世界の目の前で起きる、正義VS正義のたたかいは、ドラマを観るより臨場感があるので迫力に事足りません。

自己肯定感の低い社員に満たされた活気のない組織は、自己防衛のエネルギーも長年の風呂場のカビのようにしつこく付着します。健全な共同体の司令塔は内向きよりむしろ、常に外向きに接点を持つアンテナを貼っておかなければ、その共同体が衰退していくのは容易に想像できてしまいます。

社会とは「相対的」な環境です。人間が三人集まればそこには小さな社会が存在します。上司から見られる、部下から見られる、同僚や友だち、パートナー、子ども、親、そして現代では顔を見たこともないＳＮＳの住人にも勝手に評価されます。

一部の組織では「三百六十度評価」という評価制度がある企業もあります。上司の評価だけでなく、部下や同僚からも評価を受けてしまう審査です。ハラスメント撲滅は聞こえがいいですが、社内外問わずにハラスメントに過剰に反応し、それを執行する上層部のマインドに適応できなければ体力だけでなく、精神的にも疲弊し、ストレスは大きくなる一方です。

こんな監視社会の延長に、自分を好きといえる感情は残っているのだろうか、と疑問を持たざるをえません。

もしここでポジティブに即答できる軽やかさがあるならば、幸せな人生の途上を歩んでいるに違いありません。自分に好きを感じられない、むしろ嫌悪感すら覚えるほどの自己否定をする人だっています。周りからみれば幸せそうな人も、実際はそうではないことだってあります。

元気そうにみえた人が急に自死を選んでニュースになることもあります。

だから、心から今の自分を好きと言える人、幸せだと言える人は素晴らしく幸運です。

「相対的」な社会で生きることは、実力がある人にとってはたやすく、さらに優越感すら覚えることでしょう。他人と比較されても自分が上のレベルにいると思えるなら、ほくそ笑みたくもなります。

逆に実力がない者にとっては、「相対的」社会で生きることは苦痛です。他人と比較されて自分の実力のなさを思い知らされるのですから。優越感とは逆に劣等感を常に感じながら生きることになれば、自己肯定感は下がり、幸せを感じづらくなります。


社会が変容する中で今の価値観は押しつぶされ、一瞬にして幸せとは思えない環境に転落する可能性もあります。また、世代間において、見える世界が別物で、その年齢やその立場にならなければ分からない幸せの形があります。

人生の前半では、花を見てもそれほど感動しないのに、ある年齢に達すると個人差はあるものの、妙に花や自然に感動を覚える瞬間が訪れます。自身の「生」と照らし合わして生命のエネルギーを感じ始めているのかもしれません。これは「相対的」に年齢を重ねれば理解できます。周りのシニアの言動を観察してみてください。

お金に関しても、あるデータによれば、四十歳半ばをピークに少しずつ興味を失いはじめるといいます。外見も若い頃はモテたいと思って気を配っていたのに、結婚や加齢などの環境要因で外見磨きに興味をなくすこともあります。健康の素晴らしさは若いうちは気付かないですが、不摂生をして体の調子が悪くなって初めて気付いたりしないでしょうか。

そういった、その時に感じた「絶対的」価値観も、時間が経てばただの世代間の「相対的」な一部の考え方だったと気付くことがあるかもしれません。

会社内で起きるさまざまな人間関係の煩わしさの妥協点にフォーカスするならば、**上司にならないと分からないことは、上司にならないと分からない**ということも、心の片隅に置いてみなければ、過剰で一方的な（部下から上司に対する）負の感情の捌け口は不満や愚痴となり、悪性のエネルギーを社会に放出します。人生の途上で誰もが通る通過点と、あきらめと希望をもって社会的弱者（部下）をチャンスと捉え、どう活かしていくかに意識が向けば人生に良い影響を与えていきます。

愚痴ばかり言うおじさんおばさんや、必要のない虚栄心を振りかざす大人たちが増殖していると社会を俯瞰しているならば、社会的弱者（部下の立場や年齢の若さ）の立場で感じなければならない本質的な学びが出来なかった大人たちの行く末だと、慰めをもって接していかなければならないかもしれません。そういった必要悪が徐々に減れば、社会は良い循環へと向かい始めるのではないでしょうか。

実力の正体

実力とは一体何でしょうか。コミュニケーション能力でしょうか。パソコンのスキルでしょうか。偏差値やＩＱなどは「相対的」なデータとして数値化ができますが、数値化できない部分の評価が生きる上で重要な要因を占めてきていることも確かです。

・何かに夢中になれること

・自分のことを好きだと思えること
・気持ちを前向きに保ち続けられる能力

社会はデジタル化が進んでいますが、人間が持ち合わせているこのようなアナログな部分の能力は個人だけでなく、社会でも試されています。

数値化できるスキル磨きも、向上させていくためには継続する力はかかせません。まさに数値化できないアナログな感情が見えない形で結果に反映してきます。そして、やる気を継続的に引き出すためには、スキル磨きの選別方法を正しく判断できなければなりません。正しく判断するという過程が、継続的なスキル磨きに起因していると考えれば、卵が先か、ニワトリが先かの哲学理論に通じます。

正しく前に一歩踏み出すことに注意を向けてみてはどうでしょうか。正しい選択だったといえる答え合わせは**エネルギーの持続時間がいつもより長ければ正しかった**と解釈してもいいかもしれません。

あなたがどこに向かいたいのか明確に決めた時、正しい方向が見つかります。高次元へ向かう足掛かりを掴む正しい選択に神経を研ぎ澄ますことができれば、ベターでなくベストの選択肢だといえるでしょう。

第五章　心の聖域を見つけるには

見えない敵がいることを理解する

一貫性がないのは人間の性です。また一貫性を保とうとすればするほど、一貫性が崩れるという矛盾もあります。言い方を変えれば、**人の心は簡単に変化するということです。**変化すると分かっていても、自分の感情が理解できないものを他人が理解できるはずはありません。そんな「絶対的」でない自分の感情や他人の感情に振り回されない生き方をしていかなければいけません。「毒を盛られたショートケーキ」＝（善人だと思っている人の内面にある毒素のような感情）で例えるならば、意図的に言葉に毒を盛ってコントロールしようとする人種の暴走に歯止めをかける術や、知人の昔は嫌いだった人物を今は好きだと発言する奔放さは、繊細な人間にとっては振り回されていると感じてもおかしくありません。言うなれば対人関係の攻略法を理解することで平穏な感情を取り戻すことは可能です。

ありのままを生きる、といえばなんとも歯切れの良い言葉です。時にはありのままに生きる行為は無意識な乱暴行為に匹敵することだってあります。無垢な赤ん坊なら許せますが、赤ん坊のような大人の増殖を食い止めなければ、社会は**「見た目だけの消費期限が過ぎたショートケーキ」**を食べるハメになります。虚構で満たされた集団の中で野放しにされた、自称肯定論者の取り繕った上辺の善意は、本質的な真理まで届いていません。その偏った考え方に対する違和感も、肝心の当事者に伝えることは困難です。無意識に迷惑行為をしてしまう暴走は当事者以外には届いていますが、もどかしさの捌け口を強く言えないハラスメントに敏感な監視社会では生きづらさになる時もあります。

大人の交渉事にもそんな事例はあります。

大人が良く使用する建前は表面的です。そして本音がその建前に隠されています。諸外国との外交交渉も片方で握手し、もう一方でお腹にパンチを食らわしているかのようにみえます。両立できない関係性を、見えない世界で成立させようともがいているようにも映ります。もし、子どもたちにこの光景を正確に説明するにはどうすればいいのか、本質を追及しようとすればばするほど、迷走する難解さがあり、見えている世界と見えていない世界の乖離を感じてしまいます。

一方で、それでも親しき仲にも礼儀ありという言葉通り、相手を気遣って言いたいことをのみ込むことは「相対的」な社会を円滑にする有り様だとも気付かされます。誰もかれもが本音で物事をいうようになってしまえば、世の中は崩壊してしまいます。**その奥にしまってある目に見えない何かに気付く配慮も、コミュニケーションを取っていく上では改めて考えるべき点があるようです。**特定の集団の中にいるとなんとなく嫌な気分がするとか、エネルギーを奪われていると感じたことはないでしょうか。

仕事でグループに分かれた時、苦手意識を感じる社員とチームを組む、あるいは、ママ友同士の井戸端会議で、なんとなく嫌な雰囲気を感じ取ることはどこかの集団に属せば少なからず経験します。言葉や態度で自分に対する攻撃を他人からハッキリと受けているわけではありません。

ハッキリとした攻撃があれば他者にも相談もできますし、上司に言ってハラスメントだと明言することもできますが、なんとなく嫌な感じがするだけでは、誰にも取り合ってもらえない点で厄介です。直接的に自分に対して攻撃的な態度を取っているならば、エネルギーを奪っている他者をはっきり識別できているので、エネルギーが下がっている理由は簡単に理解できてしまいます。

量子力学では**「この世にエネルギーしか存在しない」**と証明されています。つまりこの宇宙に存在するすべての根源を玉ねぎの皮のように一枚ずつ剥いていけば素粒子に辿り着き、人間の身体も細かく分解すると原子になり、最終的には素粒子になります。

宇宙の秘密を見つけたければ、エネルギー、周波数、振動の観点から考えなさい

〈by　ニコラ・テスラ〉

見えないものが何かを考える発想は、現代社会の生きづらさをひと言で証明できない難解さと似ています。量子力学に深入りしなければ神秘性を兼ね備えた学問ですが、この「なんとなく」を理解するためには、日常の中に明らかに見える表面的な部分にフォーカスするだけでは説明し難いです。見えないものを見ようとする意識は「なんとなく」を分解し、言語化していく作業に繋がり、自分の心の奥底に眠る生きづらさを解明するきっかけになっていきます。

見えない敵の対処は難しく、他人に相談するには根拠が薄く、あまりに曖昧です。であれば、最適解は、自分の気分が悪くなるような集団にならないよう努力すること、もしくはその集団から距離をとって離れることは有効的です。とはいえ、仕事であれば職務上、上司からの命令に逆らうことは立場上難しいです。井戸端会議だって体裁を考えると、誰かが入ってきた瞬間にその場から抜けるのは気が引けます。心を冷静に保ち、見えない敵からの攻撃を緩和できる余裕を持つことも大事です。

余裕を持つために、笑顔や笑いが最大の武器になり得ることがあります。

たとえ周りが自分のことを疎ましく思っていても、その状況で笑顔を出せれば役回りは一変します。相手は、あなたが嫌な顔をすることを期待しているかもしれません。そこで笑顔を繰り出せば相手の思惑から外れます。一国を任された首脳同士の取り繕った固い握手と笑顔によって放出されたエネルギーでさえも、なぜか安心感を与えさせてくれます。笑顔を続けていれば、相手もむやみに攻撃的な意思をあきらめる確率はぐっと高まります。**単純ですが笑いや笑顔の副産物は計り知れない力が潜んでいます。**

平和は微笑から始まる〈by　マザーテレサ〉

（人に真に好かれるには）相手を楽しませようとするより、むしろ相手とともに大いに楽しむのがよい〈by　ジョセフ・アディソン〉

厄介な見えない攻撃

また、見えない敵はさまざまな集団に、おくびにも出さず紛れ込んでいます。例えば電車内で、敵意を向けられているように感じたことはないでしょうか。知らない者同士が密室で言葉を交わさない場合、その場の空気に支配されます。実際には、皆スマホを見たり音楽を聴いたりしているのに、周りの視線がなぜか自分だけに向けられているように感じると、それを敵意と見なしてしまいます。たかが駅の構内で咳払いをされただけでも、悪意を向けられている、正しさを暗に主張されているような感じを受け、その通りすがりの通行人にさえも、怒りや不信が自分の内側で沸き起こることもあります。他にも、カップルや家族連れなど、誰かと一緒に行くようなレジャー施設にひとりで訪れた場合、人の視線を感じることがあるでしょう。これを「見えない敵」だと感じることもあります。

普通は誰かと一緒に来るのに、どうしてひとりで来ているのひとりで来るなんてさみしい人

そんな風に、聞こえない声が脳内に響き渡ります。見えない敵の正体は、誰もが議論する余地のない微細な日常の静寂（しじま）にも潜んでいます。

他人の声を自分で妄想し、脳内で生成する自分自身が見えない敵の姿になっていきます。**妄想が酷くなれば被害妄想になります。すべてが被害妄想で結論付けられるなら気が楽になりますが、そう思えないのが現実社会です。**見えない敵は確かに存在するはずですが、うまく説明できません。

見えない敵を感知することが出来る人は、総じて空気を読むことが上手です。皆の和を乱す

ことは滅多になく、むしろ場を和ませる貴重な存在です。それでも敵が現れるのは、時には人生において仕方がないと鈍感力をもって推しはかられることも余儀なくされます。

どんなに仕事ができてどんなに容姿が美しくてどんなにお金を持っていても、それはそれで妬みを買うことになります。逆に仕事ができない、容姿が美しくない、お金がない、と他者の見解で決めつけられれば妬まれはしないですが、蔑（さげす）まれる攻撃を受けることもあります。

感覚の相違は人それぞれにありますが、社会で上手くやっていきたいのならば、ただそのちょうどいいを探すゲームに勝つことが生きやすい世の中だと、嫌味を放つことも致し方ありません。

また見えない敵は他人との間に介在するだけではなく、**他人を過剰に意識する自分の過敏さや弱さにも潜んでいる**ので、すべてを他者のせいにはできない曖昧さも兼ね備えています。

ネガティブになりやすい人間の脳

総じて、会社の規模が大きくなれば、集団の理不尽な意識が姿を現し始めます。

- 手柄をすべて持っていく上司
- 社内政治ばかり気にする上司や同僚
- 親睦会と称した会社の愚痴大会
- お客様ファーストが行き過ぎた結果、疲弊する社員

など、この状況に自分がいることを想像してみてください。あなたはどんな気分でしょうか。

例えば自立と依存、ポジティブとネガティブをマトリクスで表現した場合、外見が人それぞれ違うように複合的なレイヤーを纏（まと）い、自分のポジションが存在し得ます。それがどのレイヤーに属しているか、自分自身が正確に把握できていれば人間関係のむやみな争いは

少なくなりますが、それを二軸に絞ったところで到底理解できるはずもなく、その時の感情を主体的に利用しながら、見えないエネルギーを感じ取ろうとしています。自己分析も半ば中途半端な状態で、会社というひとつの共同体で毎日活動していくことを余儀なくされています。

万物はエネルギーでできているからこそ、この使い方を間違えるとどんどん閉塞感に包まれていきます。人間の脳の思考は一日六万回ほどだといわれています。その中の九十五%は昨日と同じことを繰り返し思考し、その大半がネガティブな思考です。しかも六万回といっても、その大半が無意識領域です。つまり、自分が意識していない間に処理されており、**自分でも気づかないうちにネガティブな思考を何度も繰り返し、潜在意識にすり込んでいる**というわけです。

脳の仕組みは、無意識のうちにネガティブ思考を植え付け、ネガティブな行動に繋げてしまうわけですから、多くの人が幸せに生きられないのも、成功できないのも、ある意味当然なのです。よりよく生きるためにはポジティブ思考になるコツを身につけなければならないといえるわけです。

自分を守るためにネガティブになる場合もあるでしょうが、そのネガティブエネルギーを他

者に向ける行為が、まさにこの気分が悪い正体になり得る可能性は大いにあります。

もっというならば、社内政治ばかりを気にしている人間が多い会社は、この足を引っ張る行為が慢性化します。その足を引っ張る集団の大きな負のエネルギーが集まると、ネガティブな集団のエネルギーがポジティブに変換されていくわけですから、質（たち）が悪いです。

総じて会社や共同体において、利益優先の組織では思いやりの概念は弱さと認識されることもしばしばです。得てして批判や悪口に長けた人間は傍からみると、心が狭い人間だと一蹴できても、当事者に向けられた負のエネルギーは、周りの中立な立場の人間の感情を取り込みながら集団で弱い人間を抹殺するエネルギーに力を変えていきます。

なぜこんな足を引っ張るような仕組みになったのか、**それは生き物の本能として考えると極めて自然な行為であることがわかります。**

弱肉強食の動物界において身を守ることは最優先事項です。ネガティブ思考は常に最悪のケースを想定しているので、何か身の危険を感じるようなことが起きたら、瞬時に対応し逃げることができます。

もし自分より強い肉食動物がふいに今現れたらどうしよう、こういった思考を持つことで、命を守ることができます。ポジティブ思考だけだと常に楽観的なので、何かが起きても最悪な事態だと認識するまで逃げないことから、凶暴な動物に食べられてしまう可能性は上がります。

実際、動物界ではネガティブな思考の動物ほど生存率が高いというデータがあるくらいです。

一方で、動物界の食物連鎖の頂点に君臨する人間だからこそ、いつどこで命を狙われるかわからないネガティブ思考はとっぱらわれてもいいはずですが、人間同士の優劣の争いの中にもネガティブ思考の妥当性を感じている結果が社会のようです。日和見主義なリーダーの怠慢は、弱肉強食の世界を野放しにしたサファリパークそのものを作り出している恐れがあるともいえます。

また、ボ～ッとしている時間が長ければ、無意識に思考過多に陥ります。悪い方向へ悩を利用することは人間同士の争いだけに留まらず、一人で思い込む環境に身を置くことによってネガティブエネルギーを引き寄せるので、内面に潜む弱い自分に誘（いざな）う悪魔とも対峙しなければいけないでしょう。

人間が生きていくためには、身体や心を動かすエネルギーは欠かすことができません。他の動物を凌駕する思考能力が高い人間は、エネルギーが強い反面、心の病気にもなりやすい傾向もあるわけです。ネガティブ思考のせいでエネルギーが満たされないと、やる気が起きなかったり、憂鬱になる症状が出てもおかしくありません。時には強制的にポジティブになることも、決して健康の側面から逸脱していません。だれもいない空間で大声を出したり、ネガティブな怒りをノートに書き出したりすることは、傍から見れば、奇妙だと思う行動も、奇特な方策として有効かもしれません。また、もっと前向きな思考法として、肯定的な自己宣言のアファメーションを毎朝行ったりすることで潜在意識を掘り起こしていくきっかけになるかもしれません。海賊のトップに立ちたければ「俺は海賊王になるんだ」と言い続けることも、未来の可能性を手繰る紐を掴んでいることに一定の理解はできます。

今実現できていない現実からより良い未来を引き寄せるために自己暗示をかけるのは、侮れない習慣を作ります。逆説的に言えば、何も考えなければ否が応でもネガティブ思考に引きずられるのが、人間の脳だということは肝に銘じるべきです。

自分の全人生に完全に責任を持つことを受け入れ、誰のせいにもしない生き方を選択し、その責任を強く持つほど人生を変化させるエネルギーになります。人のせいにしないことは、ある意味、他人を介入させないので「絶対的」な生き方と言えるでしょう。自分がしたいことを全力で責任を持ってやれる人生は強固な精神そのものです。

人にはそれぞれの生き方があります。

何かを始める時に、準備がすべてできたからしようと思っても、そうやすやすとちょうどいいタイミングは訪れません。海外で働きたい夢や、海外移住の計画も、会社員であれば、休みが取れないだけの現状課題を言い訳にして海外に行くタイミングを逃したりします。

自分はいつでも結婚の準備ができているけれど、パートナーの仕事やプライベートの事情で、結婚のタイミングが予想以上に遅れることもそうです。心の準備ができても他者の諸事情で現実的にはできなかったりすることもあります。現実的な準備はできたとしても気持ちに踏み切りが付かない場合もあります。

やったことが失敗ならあきらめはつきますが、やらなければ成功したか失敗したか、あるいは結果に対して満足か不満足かの自分の感情のジャッジもわからないままです。何かやりたいことがあり、行動に移せていない場合、その理由は何なのでしょうか。自分を縛っている紐は何なのでしょうか。

そのためには**紐の在処（ありか）を探り、ほどく方法を見つけなければなりません。**勇気が出ないという精神的な縛りなのか、それとも金銭的な問題なのか、周りの反対なのか人それぞれ事情があります。ともあれ、いろいろな言い訳をつけてやりたいことをしないのではなく、自分を縛る紐を断ち切ってやることは大きな挑戦です。

間違いなく言えることは、あなたにとって今日、そして今が一番若いことに「絶対的」な真理があります。

いつかいつか…と先送りにしていると、夢の進行は動脈硬化を引き起こし、ついには実現できないまま熱が冷めてしまいます。やりたいことがあるなら急げと言っているわけではありませんが、今日であっても出来ると理解すれば適度に焦りを感じてもいいかもしれません。

誰かが私を助けてくれるという期待よりもまずは、行動の進捗度合いを見える形で誰かに示すことが先決です。あなたがどんな素晴らしい性格の人でも、行動がゼロならば掛け合わせてもゼロにしかなりません。協力者を作る前に自分が一歩進めば道は開きます。

誰もが幸せの絶対領域を見つけ、拡大していくことが人それぞれの重要テーマです。

本音を言えば、生まれてくることに意味などないのかもしれません。誰もが主体的に望んで生を受けたわけではないからです。すなわち皆、生まれたから何しようか、と人生の暇つぶしに参加しているくらいに楽観的に表現しても差し障りを感じません。生きがいさえ見つければ、人生はどのようにも拡大します。自分には何もないと感じる人も、仕事や趣味だけが幸せの絶対領域ではありません。子ども、パートナー、友だち、家族と呼べる人間関係のコミュニケーションも幸せの領域になり得ます。

必要なのは、「相対的」な社会の制約の中で毎日の自分の感情を分析し続け、理解することです。ありのままに生きることとはニュアンスが異なります。

他者に対する配慮の欠けた自由奔放さは、ありのままに生きられない人間のエネルギーを過剰に奪うことも知っておかなければなりません。ありのままに生きるための最適解を紐解けば、一流料理人を目指す過程で避けては通れない下積み期間のような精神性で、コツコツと自分の感情や未来の希望へと意識を向けることではないでしょうか。一概に、自分のご機嫌取りに直線的に向かうことでないことは、料理人が試行錯誤しながら秘伝の味を見つけるように、ブレない長期戦で内面と交戦していく地道な作業に目を向けていくことなのかもしれません。
また、ただなんとなくネガティブな感情に支配され、時間が過ぎていくのも勿体ないものです。与えられた人生の時間は有意義に使いたいですが、日常の忙しさにかまけてしまうと本当の自分を見つける時間を疎（おろそ）かにしがちです。時間の使い方に時間をかけて真面目に向きあう必要があるのかもしれません。

今から20年後、君はやったことよりも、やらなかったことに大きく失望するだろう。自分を縛っている紐をすぐに解け。その一歩を前に踏み出せ。そして自分の可能性を信じろ。探検せよ、夢を見ろ、そして発見を楽しむのだ〈by　マーク・トウェイン〉

いつかできることは、すべて今日でも出来る〈by　モンテーニュ〉

自己対話の意義

なりたい未来があるなら、やりたいことを愚直にやるしかありません。死ぬ前に後悔しないで幸せだったと言える「絶対的」な生き方はそこにあります。どんなに華やかにみえる人も毎日を愚直に生きていることに変わりはないです。反対に、どんなに失敗しているように見える人でも、今、幸せだと思えているならば、幸福な生き方をしています。

日は昇り日が沈む、当たり前の日常の世界は万物の流れに逆らわずに淡々と時間を刻みます。人間の一生は宇宙創成の時間軸の中では見えないほど小さいものです。誰かが偉業を成し遂げたとしても大抵のことは、さほど変わらない日常生活の中の差異の積み重ねだと考えれば、他者に対する過剰な称賛でさえ滑稽に映ります。人生のちっぽけさを理解し、同時に自分にも何かできそうだ、と少し違った生き方を模索することに積極的になることは未来に向かう小さな原動力ともいえます。

自分との自己対話は特に意味深いです。

私は今、一生懸命に生きているだろうか　私はどのように生きたら幸せを感じられるだろうか

SNSを介してさまざまな人種に出くわします。高級ホテルでの滞在や、ひと目で美味しいと想像できる高級料理を撮った写真、ブランド物の服に身を包んで笑う幸せそうな人……例を挙げればきりが無いくらいの羨望の対象をSNSを通して見せつけられます。

ですが、そこにあなたの幸せと照らして、直感で現実味や真実味がないのなら幻想に近いことも忘れてはなりません。理想をイメージするがゆえに、分かりやすいイメージに自身の心が洗脳されることは、長い目で見れば時間の無駄を意味することもあります。自己対話を通じて奥底に沈んだ本質に触れる自分の核を、**ポジティブにえぐる**ことは他者には関与できない作業です。自分の欲しいもの、信じるべきものは人によって千差万別です。この世界にいる人それぞれにカスタマイズされたものは、各人の事情やタイミングによって手に入れる喜びが違います。他人に決めつけられた、こうなりたい像に惑わされてはいけません。自己イメージを高め、なりたい未来を想像し、それに至る道が他人から見れば、現時点では逃げの段階だと決めつけ

られるならば、嘲笑されるのも覚悟したほうがいいですが、気にせず自分を信じて勇気とともに自分らしさに向かって進んでみてはいかがでしょうか。

成長の前に訪れるもの

人生を充実させるために自分の時間は作られるべきなのに、どのような心理で私たちは有益な時間を浪費してしまうのでしょう。理由として、

・仕事の立場上、実行したいことをするのがはばかられる
・自分のやりたいことを実行すると家族や周りの反応が気になる
・働くのが本分なのに趣味に夢中になる罪悪感

列挙すれば、他人の目を過剰に意識する姿を、誤差の範囲で言葉を組み合わせて理由付けし

てしまいます。
理想的な生き方とは程遠い人生を無理矢理、周りと比較して、あの人よりはマシとかあの家庭は最悪だ、などと目線を極端に低くして、気を紛らわすこともあります。それが一概に悪いわけではありません。時として「相対的」に自分と周りを比べれば、自身の肯定感や幸福感を上げたりすることで気が楽になります。社会的地位がある「絶対的」強者をみると、ああ、あの人は立派だなぁと疑いを抱きません。「それに比べて私は……」と「相対的」に見てしまうと落ち込んだりします。人それぞれに生き方があり、自分に叶えたい理想があれば、それに到達しているか客観的な判断が問われます。

例えば、50mをより早く走りたいならば、年齢を重ねて目指すより、若いほうがアドバンテージになります。結果は何ごとも早ければ良いわけではありませんが、体力は身体が成長しきってからでは遅いこともあります。元気なシニアが増えた昨今とはいえ、50mを走ること以外でも時間的優位性は戦略的に有効です。

人生の目的ともいえる重要なテーマに早く気付くに越したことはないです。なんとなく生活を消費すれば気付いた時には遅すぎた……時間差で気付くこともよくあります。何故なら、人生でさまざまな経験を踏まないとわからないことは直感では導いてくれません。もしくは直感の精度が鈍くて使い物になっていないと表現してもいいかもしれません。

何となく生きている自分に嫌気がさし、人生の節目で新しいチャレンジを宣言しますが、結局挫折してしまいます。断片的でもあきらめずに行動を継続していけば、成長を感じることは可能です。じわりじわりと成長や進化をすれば、**成長は発酵のような活動を始めます。**発酵食品のように見た目を少しずつ変えながら栄養価の高い食物に向かっている様子は地に足がついた実力のようです。例えばＳＮＳの投稿が難なく毎日続くことや、毎朝同じルーティンが続けられる行為は、見えないスタートラインに立ち始める最初の一歩になるかもしれません。

人との出会いで人生の目的に辿り着く人もいるでしょう。日常で偶然に出会う人間関係も、偶然とは思えない出来過ぎたタイミングで訪れることもしばしばです。能動的に環境を変えていけばいい出会いのチャンスは増えていきます。**動かなければそのチャンスすら訪れません。**出会いのチャンスだけでなく、失敗を過度に恐れずに挑戦することに年齢は関係ありません。

行動したら失敗がいつも付き纏います。現代の流れに即せば、現実世界よりも、インターネットを介した社会空間で居場所を見つけることも、ひとつの行動の結果です。

また、自分で決断したと思う感覚を日々持てるようになれば自分の未来を自分で決めていると強く思うことができます。**自分で選んだ道を信じることは普遍的です。生きる力ではなく活きる力に変換できれば「幸せとは何か」を考えることも、もはや意味がないかもしれません。**

「生きる」は生命的な意味づけですが、それとは違い、やりがいのような感情が「活きる」にはあります。活きる力を信じれば、あなたの想像を超えたエネルギーが伝わり、人生はさらに豊かになっていくはずです。

自分の考えたとおりに生きなければならない。そうでないと自分が生きたように考えてしまう〈by　ポール・ブールジェ〉

第六章　大好きなものから一度全捨てしていく

ここからは、近しい人との関係を見直すことを目的に述べていきます。各項目、自分の立場にあてはまるところだけを読んでみてください。年齢を重ねてから読み返すと新しい発見があるかもしれません。

子どもとの依存関係を捨ててみる

親と子どもの関係性ほど、不思議なものはないかもしれません。家族という共同体は、かけがえのない関係性ですが、親子になる偶然性を何十億年の宇宙の時間的感覚と、地球という惑星の物理的感覚の遭遇だと考えると、ある意味、神秘的で奇跡的とも呼べる関係です。

親の立場は社会的感覚では子を経済的、精神的に守っていく存在であり、成人になるまで子どもを育てる役割を全うしていく義務があります。お腹を痛めて産んだ子どもの存在は、特に母親にとってはかけがえのない宝であり、いい人生を送ってもらいたいと願うのが社会的な通念です。子どもに「ちゃんと勉強しなさい」「～しては駄目」と将来を憂い、子育てに一生懸命になるのもそのためですが、その行為が知らず知らずのうちに強固な依存関係を作り出している可能性も否めません。

小学生高等年を過ぎて思春期を迎えるころには、あんなに可愛かった子どもにも自我が目覚めます。時にうっとうしがられ、優しくしても相手にされなかったりします。この段階を自然な成長として受け止めることは**愛情過多の親の課題**なのかもしれません。

過剰な期待はＮＧです。

子どもとの関係を自分の心の中で一度リセットしましょう。

大事な子どもを手放せない、そんな思いは**過剰な期待の表れ**です。

意外と私がいなくても大丈夫だなと思えたならば、そこには**期待**ではなく、健やかに成長してくれるだろう**希望**が含まれます。

子どもには子どもの人生があります。子どもだからかまってあげなければならないというのは大抵が親のエゴが含まれます。子どもには自分の力で社会にコミットしていく力があります。

学校に行けば、子どもは大人と同じように、学校という社会でたたかっているのです。家に帰って小言をいわれ続けられると、子どもにとって居場所がないと感じてもしかたない状況になります。親に対して、反抗したくなる子どもの気持ちは自身の経験を踏まえても理解できないでしょうか。

希望をもって子どもに接していれば、いつか親の愛情を感じてくれるはずです。

特殊な事情を持つ家庭でない限り、**あなたも親の「絶対的」な愛情を感じて来たはずです。**依存状態が手遅れになる前に子どもへの執着をそっと手放してみてはいかがでしょうか。

両親との関係をリセットする

両親と上手くいっている人も、そうでない人も一度、両親との関係を棚卸しする必要があるかもしれません。何故なら、両親に対する感情の執着がある限り、将来、社会的に成功しても幸せに不感する恐れがあるからです。「相対的」に成功（地位や名誉がある）した人が幸せになれない原因のひとつに、幼少期の親との関係性に根源が潜んでいる場合があります。人から羨望の眼差しで見られる存在の中にも愛情の渇望が高い人もいます。子どもの頃、親との関係が上手くいかなかったり、親に振り回された日常が記憶に残っていれば幼少期の過去がトラウマになっていきます。両親と接する中で不自由さや生きづらさを感じてはいませんでしたか。親との関係性を今一度、考え直してみましょう。

・父親について

仕事に忙しく、家庭を顧みない

暴力的な態度をとられたことがありますか

彼氏（彼女）のことを詮索されたりしませんでしたか

・母親について

小言を言われてこなかったですか

心配性で母親はさまざまなことを聞いてこなかったでしょうか

逆に、無関心ではなかったでしょうか

自覚がなかったとしても、子どもの時の親の言動は思っていた以上に、奥底に眠る感受性のルーツとして心の中に植えつけられます。こうした関係性の中で親子間の中で互いが役を演じるようになります。**決して役を演じるのはコントロールされやすい子どもだけではないことを強調しておきます。**

四種類の演者が親子関係に登場します。

・加害者　・被害者　・尋問者　・傍観者

ひとつずつ、具体例を挙げて説明します。

・加害者

父親（母親）が毎日、「将来、ちゃんとした大人になれないよ」と口癖のように言っている言動は脅迫者の性質を持って加害者になります。脅迫とまではいかないと思っていても、あなたがこの言葉にストレスを感じるならば、父親（母親）の言葉は脅迫的だったと言えるでしょう。

・被害者

父親（母親）がしつけと称して暴力や暴言を振るい、その行為を理不尽だと感じるならば、

「被害者」の感情が生まれます。

・尋問者

毎日、「宿題やったの」「〜ちゃんとした」と親が慢性的に言っていたのなら、「尋問者」を演じて子どもをコントロールしようとしています。

・傍観者

暴力や小言が常態化してくると関わりたくないという意識から子どもに「傍観者」という感情が生まれてきます。

親の小言がうっとうしくなった思春期の頃、子どもはより強く「加害者」や「尋問者」を演じるようになります。親に対して何かにつけて「うぜーよ」と言ったり、暴言で反応することで今度は子ども側で「加害者」を演じます。

このように役割を演じ分けすることによって、無作為にエネルギーの奪い合いをしていた事実に人はなかなか気付かないものです。自分軸で生きるためには、このコントロールし合う関係性であったことに気付き、抜け出さなくてはいけません。

そもそもこのような関係性は親がしつけだと思っていても、子どもには余計なおせっかいだったという齟齬（そご）があります。こうした本音はインターネットおよびＳＮＳの発展から、親との関係性について内面をさらけ出す大人が増えたことで世間に露呈しました。

さらに、その言い分は自分を「被害者」だと思い込んで発言していることがうかがえます。自分を「被害者」だと思い込んで育った大人の多大な負のエネルギーは一方的です。他者に向かって感情をあらわに泣き出し、成長した不完全な大人の自分を棚に上げて終始、親の悪口を語る人物もいます。

吉田松陰は**辞世の句**としてこんな言葉を述べました。

「親思う心にまさる親心　今日のおとずれなんと聞くらん」

子が親を思うよりも、子を思う親の心は一層、深いということです。

親も初めから親であったわけではありません。子の成長を見守る中で、親としての自覚と愛情を育んでいき、かけがえのない大きなエネルギーが子へと伝わっていく様は、受け手側（子）の感度が試されているに違いありません。

その愛情の深さを理解していくためには適切な距離感をもって推しはからなければなりません。大きな視野でみれば、親も親の役割を離れればひとりの個としての人間です。今一度、親子間で適度に距離を取って、お互いを見つめ直してみてはいかがでしょうか。

友人関係から自立する

あなたには友人と呼べる人が何人いるでしょうか。その中に親友と呼べる特定な人は存在するでしょうか。彼女や彼氏が出来た時に、真っ先に報告したいと頭に思い浮かべる人物はいるでしょうか。また一章で書いたように、学生時代の卒業式で、社会人になっても仲良くいようね、と言えたのなら親友かもしれません。

「スタンド・バイ・ミー」という映画がありました。四人の少年がひと夏の冒険を通して友情を育む青春映画の金字塔です。この映画の舞台はアメリカの小さな田舎町です。現代ではこの映画のように、身近で小さな共同体だけで生まれるものではなくなりました。現代は（インター）ネットを介して友人を見つけられます。ネットで、高級なバッグや車を買ったりすることに躊躇なく踏み切れる時代です。友人探しも、身近な共同体の退屈な出会いだけに留まりません。無機質ながら多様性がある刺激的な出会いも、ネット社会には存在します。浅い関係性で成立する、お手軽な距離間で交わることに価値を見出す社会に世間は変容しています。「スタンド・バイ・ミー」の世界で起きる小さな町の喧嘩は情緒的ですが、浅い関係性が重要だとされるネット社会のコミュニケーションには淡泊さがあり、その人間のパーソナリティも一部の情報で判断しなければならない器用さは問われます。

学生時代に出会った友人や親友も、時間が経つにつれて会う機会も少なくなっていきます。疎遠になった友人も増え、大人になれば時間の使い方も違えば、時間に対する価値観さえも違うことに気付かされます。生まれ育った地元から離れたり結婚して子育てで会える時間が少なくなれば、疎遠になるのは当たり前です。友人と頻繁に会えなくなる日常も、それまでの関係だったと冷静に判断しても特段おかしくありません。

悩みを打ち明け、良い報告をし合う友人や親友はとても大切です。若い頃を思い出して、あの時はよかったと語り合うことで、ほっこりした気分に包まれます。その瞬間の郷愁に駆られる想いはポジティブなエネルギーで満たされます。

一方で、すべての友人関係が良かったわけではありません。気付かないうちに友人から悪影響を受けている可能性もあります。例えば、彼女や彼氏ができた時にその相手はやめた方がいい、と言われたり、夢に向かう新しい挑戦を止められたりする場面はなかったでしょうか。友人に悪気はなかったかもしれないですが、そのひと言はあなたの中で小さくない影響を与えたはずです。素直に受け取れば、あの時の言葉のおかげでいい方向に舵が取れた時はいいですが、こうした友だちの助言でやりたいことや夢の方向転換も時にはあります。

こうした友人を「絶対的」に信じてしまうのには慎重を期さねばなりません。本当にあなたにとっていい友人なのか冷静なジャッジは必要です。

自分自身が成長したい、環境を変えたいと思ったタイミングで、言葉や態度で間接的に夢を叶えようとする人の意欲をそぐ存在がドリームキラーの特徴です。あなたのために言うけれど、悪いことは言わないからやめておきなよ、など言葉で寄り添いながら夢を叶えようとする人にブレーキをかけます。ドリームキラーになりやすい人物は、親・パートナー・会社の上司・同僚・身近にいる友人などです。

一方で、SNS社会に現れたのが、今の厳しい世の中に対して、分かりやすい欲望を刺激して中身のない夢を売るドリームキラーの存在も見逃すわけにはいけません。このようなドリームキラーは身近にいる人物だけではなく、SNSを含むネット社会における関係性の中でも存在しています。

常識的な顔をした相手に、自分は常識的に付き合っているつもりだったのに、相手の仮面の下は自分への不遜で、ただ自分を利用することが目的だけの関係性だったということもあります。変化に対する決断はエネルギーが高い状態なので、さまざまなことに前向きにチャレンジし、どんどん新しい道を切り拓いていけるはずですが、ドリームキラーも多様な社会で見えにくくなっており、理想の未来に直線的に進んでいけない歯がゆさを覚えることもあります。

やる気スイッチ

心理学では**「ピグマリオン効果」**や**「ホーソン効果」**のようにポジティブな事象が実証され

ています。人は誰しも特別に優遇されたと感じた時や、自分に周りの関心が集まっていると感じた時、その特別扱いや関心に応えようとより一層頑張るという事例です。

周りの友人や目上の人にすごいね、頑張っているね、とポジティブな言葉を受けるといい気分になりますし、頑張ることができます。これは良いエネルギーを受けたことに他なりません。あなたが成長したい、成功したいと思っているならポジティブな影響を受ける環境に身を置くことは不可欠です。

あなたの周りにエネルギーの高い人を引き寄せるためには、自分も高いエネルギーを持たなければなりません。何故ならエネルギーの高い人の周りに、同じ波動を持った人間が集まる傾向があるが故に、あなたのエネルギーの波が不安定だったり、低ければ、関わりたくないと思われるのは機会損失です。プラス思考はプラスのエネルギーを求めます。電池を直列に並べてもプラス極同士では電流は流れない特性はありますが、人間同士は高いエネルギーを持って自立している特性を連想させます。プラス極とマイナス極が電流を通す特性は科学的にはいい関係に見えますが、人間関係ではマイナス極が依存しているかのように想像できます。

依存しながら高いエネルギーに満たされた集団にいることも決して悪いことではありません。

成長したい、成功したいという思いは波動となって自己エネルギーを高めてくれます。一方でその高いエネルギーが自家発電されたものだと錯覚すれば依存は悪い方向へ進んでいきます。時間の経過とともに徐々にエネルギー切れを起こす恐れもあります。たくさんの情報の中で奔走するも、真意に近付けずに転々と情報ジプシーになって聖杯を探し続けるタイプの存在は、自己発電できない悲しさを拭いきれません。人間の脳に刷り込まれた誰かがいつか私を助けてくれるという、依存の快楽から抜け出すことは本能的にハードルが高いと言わざるを得ません。依存の根源も、過去に遡れば、生まれて十八年間の親子の関わり方が依存の源泉だったりするため、冷静に心の違和感を根掘り葉掘り分析したほうが良いといえます。

「イリイスト日記法」を知れば、広い視点で知的な謙虚さを見つけられるのを手助けしてくれるかもしれません。イリイスト日記法とは、自分の感情や行動を第三者に置き換えノートに書くことです。最初は頭の中でイメージすることでも意識が変化していくのを実感します。

例えば、

私は悲しい↓彼（彼女）は悲しい

自分の感情を他者の感情に置き換えることで、なぜこの人は悲しんでいるのか、俯瞰して物事を判断できるようになります。俯瞰してみた彼（彼女）の悲しみが大げさに感じたならば、私の悲しみを大げさに捉えていたということです。

書の冒頭で述べた、毒を盛られたショートケーキ（一見、甘くて美味しそうな物の中に毒が盛られている）を食べないようにするには、友人や親友という言葉に縛られずに**適切な距離感を保って分析することです。**それは、軸を持って生きることに繋がり、友人をドリームキラーとして恨まないことにもなるでしょう。

夢をバカにする人間から離れなさい。器の小さい人間ほどケチをつけたがる。真に器量の大きな人間は、〝できる〟と思わせてくれるものだ〈by　マーク・トウェイン〉

友人関係から自立する目を持ち、まずは自分から良いエネルギーを発していけば健全な進化が期待できます。

そしてこの世に存在している時間は思ったほど長くはないです。

ルソーの言葉が心にふと浮かびます。

人生は短いと言われる。しかしそれはわずかな時間しか生きられないからというよりも、人生を楽しむ時間をほとんど持たないから〈by　ジャン＝ジャック・ルソー〉

そうだ、もっと人生を楽しまなければ。

第七章　楽しさの追及は誰にも邪魔できない

楽しさの正体

生きづらさから逃れる打開策として、楽しさを追求することは誰にも邪魔できません。

人の楽しさの定義は違います。楽しさには選択の自由は無限で、制限もありません。

ゴルフに楽しさを見出したとします。一括りにゴルフと言っても楽しさの角度は多種多様です。スコアを追求する、飛ばしに魅了される、おしゃれを楽しむ、ゴルフ用品へのこだわり、人間関係の交流、パートナー探し。掛け合わせの深度を分析すれば無限大です。

楽しさは趣味だけに留まりません。折角時間を費やすなら楽しさを仕事に求めることは理に適います。周りから見れば辛い仕事でも、本人が楽しいと思えば楽しさの追求を目指せます。ひたすら昇進を目指して管理職になるのが、会社人生のすべてではありません。管理職にはならずにお客様と接したいと思えば、ずっと現場にいることに幸せを感じます。

以前テレビで、空港で働いている清掃業の女性が特集されました。一般的に清掃業と言えば、職業的な分類としてどう映るでしょうか。清掃業なんて誰でもできる仕事と思っているならば、あなたの職業観は偏っています。ある就職サイトで「底辺職業ランキング」なるものが公開されました。その職業にならないためにはどうするべきか皮肉交じりに解説がされていました。その中には、ご多分に漏れず清掃員も入っていました。ランキングは批判にさらされ今では削除されましたが、清掃業は本来なくてはならない職業です。日本の国際空港はそれが当たり前かのように清潔に保たれており、海外の民間企業の調査でも世界のランキング上位に食い込まれています。掃除の仕方やチームのまとめ方が徹底されている様子には心が揺さぶられる感動すら覚えましたが、中でもトイレ掃除に楽しさを見出すことに大勢の賛同は得られにくいのではないでしょうか。

会社規模の大きな飲食店では、覆面調査員が抜き打ちで現場の内情を知るために視察するケースもあります。覆面調査員のチェックポイントに、トイレのクリーンネスは必ず入っており、便座や洗面台の表面だけでなく、誰も見ないトイレタンクの裏もチェック項目になります。

この舞台裏を知った上で、トイレの便座はもとより、見えないところまで清潔に保たれている光景を目にすればあなたはどう感じるでしょうか。そこに意識が向けば、ただ単に食事が美味しいだけの評価でお店を選ぶ基準も次第に変化していくかもしれません。

掃除は会社のルールを遂行しているだけの側面も確かにあります。しかし義務感を超えたところで、完璧な空間を提供したい想いに喜びを感じる楽しさは、誰かに認められたいといった感情だけでは割に合いません。この気遣いに人の心はどう反応するでしょうか。そこに意識が向き、あなたがそのお店の店員さんに感謝が言えたとしたならば、互いの気持ちは一瞬でも心が通う高揚感に向かいます。楽しさとは単純明瞭な楽しさだけではないということです。誰もが気付きにくいところに感情が少しずつ届いていけば、他者に対する感度は良くなりエネルギーを敏感に感じ取ります。

楽しさを分解すれば、好きの感情や他者から受けたプラスエネルギーが繰り返し発動されることを意識することによって、楽しさに新しい発見が加わっていくことがわかります。楽しさを媒介とした仕事に対する自己の捉え方もそうです。

・自己満足でしょうか

・得意だからでしょうか
・お金になるからでしょうか

どんな理由で発動しても、楽しいと思うだけで心は充足感に満たされます。そして楽しさを維持する時間を長く保ち続けていけば、人生が豊かになる実績がマイレージポイントのように蓄積されていきます。楽しさの欠如で嘆いていればポイントの付与は期待できません。利己的になればタメにならないからという意識が働きます。本当に楽しいことは、短期的に見ればタメにならないことだったりもします。しかも損得勘定が働くと行動することすらためらってしまいます。

人によって、何が楽しいかは違います。

楽しさは効率性や合理性の追求ではなく、むしろ無駄の中に本質や感動が隠れていることは見逃せません。周りから強制されるものではなく、自分の内側から湧き出す愉快な気持ちから派生し、愉快な気持ちは周りにも伝染していくものです。

その反面、**不機嫌は軽犯罪だ**と諭す偉人もいるくらい、不機嫌も周りは間接的にその影響を受けるので侮れません。

楽しさの正体を見極めて趣味や仕事を充実させていけば、楽しさを基軸にした思考はプラスエネルギーに満たされる時間を増やし、自分でも気付かない変化を繰り返しながら知らない世界に導いてくれるはずです。

思い出作りをしない

人は思い出作りする生き物です。恋愛、部活動、勉強、海外旅行など、それは楽しさの感情だけでなく、つらかったことや、悲しいことも含めてです。

ふと過去を振り返った時に、今となってはいい思い出だと感じられれば現在を肯定していいます。しかし思い出という過去の事象に振り回されると、今の日常生活に少なからず影響を受けます。昔は見た目が良くて、異性にモテていたことに浸ることは悪いことではありませんが、見た目は年齢と共に少なからず変化していきます。ずっとその過去の栄光に引きずられて生きることは美しい生き方とはいえないかもしれません。

思い出とは過去の体験を思い出すことです。思い出は思い出として割り切れば、毎日が新しい自分に出会えます。決して良い思い出をすべて忘れろというのではなく、「相対的」に too much は控えるべきです。

現代のこの忙しさに抗うように、今を意識することによって、日常の意識が変化していきます。食事ひとつ取ってみても、なんとなくお腹を満たすだけだったものが、噛みしめながら食べることができれば今に幸せを感じることができます。

経験を重ねて自分の魂が揺れ動く「絶対的」な楽しさを見つけられることができれば、一生それを続ける選択もおかしくはありません。就職ですら突き詰めていくと、なんとなく決めていることに改めて気付かされます。ノスタルジックに耽る行為を増やすのではなく、**自分が人生を終える前に、やりきったという思い出だけに焦点をあてることは、薄っぺらな思い出をたくさん持つことよりも意義深いです。**

また、人生はいつ終わるか分からないのなら、あまりに未来の不安を考えて生きるのは勿体ない生き方であり、生涯現役を掲げた職人のような生き様で、人生すべてが思い出になる壮大さには個・としての説得力があります。

楽しさから逃げない

「仕事は楽しく、遊びは真剣に」の言葉には大きな教訓が隠れています。

小さい頃、砂遊びやジャングルジム、公園やレクレーション施設で、時間を惜しんで無邪気に遊んでいなかったでしょうか。私たちは一体いつから遊ぶことに夢中になれなくなったのか。大人になった今、あの時に夢中で遊んだことを大人になったらやってはいけないと思い込んでいなければいいのですが、**いつの間にか夢中になることがそこそこで妥協することにすり替わっていないか自問したほうがいいかもしれません。**

経済主義の原則に立ち返って考えるならば、働くということは労働力の対価をお金（報酬）として受け取っている環境に身を置いていることを意味します。会社を存続させるため、売上や利益を上げなければなりません。お金を得るために真剣に仕事に向き合わなければいけないのは給料を支払う経営者だって給料を受け取る会社員だって変わりはありません。

しかし、それゆえに人生のすべてを仕事に捧げていないでしょうか。毎月の報酬のため、精神を擦り減らし、昼夜問わず仕事のことを考えるのが正義だという強迫観念に駆られているならば、仕事以外が疎かになることは止む無しかと考え始め、家庭や趣味の時間は後回しになります。

それでも、働いている「会社」の問題、自身の「能力」の問題、会社と自身の「相性」の問題、取引先との「関係性」の問題、市場としての「ニーズ」の問題など、さまざまな不確定な要因があることに気付き、自身を納得させられるように丁寧に分解していかなければなりません。

これらの事象を分解して精査していく中で、**上手くいくこととやいかないことも、偶然性が大いに作用することだとうすうす気付かないでしょうか。**少なからず、仕事の怠慢をよしと言ってはいませんが、ある種の**あきらめの境地**を感じてもおかしくはないはずです。

趣味にフォーカスすれば、趣味には**リフレッシュという概念**が含まれます。趣味は仕事の余暇だと考えれば、一瞬の楽しさや余暇というキーワードを満たせばいいはずです。もし冒頭の「仕事は楽しく遊びは真剣に」という言葉を愚直に感じて行動すれば、楽しさや余暇の先に思わない報酬を手に入れることも珍しくありません。

（トレーニング）ジムで身体を鍛えることに興味をもったとしましょう。最初はベンチプレスで重いものを持ち上げることはできません。三日坊主の言葉通り、仕事のリフレッシュで行っているのに、身体をいじめることや、ジムに行く準備が億劫だと思い始めると、やるか辞めるかの分岐点が早い段階に訪れます。

偶然か必然かも分からない潮騒（しおさい）のような感情を背後にジムに継続して行き始め、身体が次第に変化していけば、その成長は喜びに変換します。飽きずに仕事以外の大半の時間をジム通いに費やせば、リフレッシュの概念は徐々に消えていきます。そして憧れの人が見つかり、その人物を目標にしたり、時には、自分自身の知り得なかった、負けず嫌いの闘争本能が牙をむき、身近で仲のよかったジム仲間への感情がいつしか嫉妬心へと変化していれば、その時、脳は「相対的」に自分の立ち位置を認識しています。ここまでくれば自然と真剣に趣味を楽しんでいるように感じます。自宅に帰って通販で購入した器具で身体を鍛えることや、食生活を改善することが日課だと知り合いに語っている別の自分に遭遇するかもしれません。この段階になれば、真剣に趣味を楽しむステージを超えて夢中のステージへ移行します。**夢中とは、誰とも比較していない「絶対的」感覚の境地でハマっている状態といえます。**

ＳＮＳで身体を鍛えている様子を投稿し続けたら、爆発的にＳＮＳのフォロワーが増え、執筆の依頼やテレビ出演のオファーがくるかもしれません。何気なく自分が楽しむために始めた趣味が、いつの間にか誰かに影響を与えていくのは稀有ではなく、ほんのささいな意識の変化が大きなエネルギーになり他者を巻き込んでいきます。今までやってきたことは間違いじゃなかったと感じ始められるようになれば、楽しさは加速度的に進化します。**楽しさから逃げてばかりでは道も閉ざされてしまいます。**

この効用はわたしの日常でも起きました。映画の話題を音声ＳＮＳで再三にわたり語ったことがきっかけで著名人の方と、映画について談笑ができる環境を持つことができました。この書を執筆している頃には700日以上、ほぼ毎日（日曜除く）映画や音楽について語り合っていいます。遡れば、趣味のゴルフも夢中にやっていたおかげで今まで縁遠かった経営者の方と知り合い、ビジネスに発展したことを考えれば、夢中の派生したエネルギーが人生をより良い方向に向かう確信めいたものを感じます。またその夢中のエネルギーを他の分野に分配する機能を兼ね備え、現在ではこうやって執筆の方向へ舵を取る布石にもなっています。

映画を観ることは習慣化され、評論家の域には達せずとも**飽きないでやり続けることは自信に繋がります**。継続し続ければ、別の分野で新しい挑戦をしているかもしれません。

損得勘定を超えたところで付き合える人間関係は強固であり生活に潤いを与えます。名刺交換に東奔西走している時代遅れのビジネスマインドとは一線を画した人間関係は、ビジネスでの成功だけでなく、本来考えなければならない人生の目的に根差しているならば本質的だともいえます。

「仕事は楽しく、遊びは真剣に」の言葉には、侮れない人生の効用が隠れており、潜在的にすべての人間に秘められた宝石です。

飛行機が持つエネルギー

そうは言っても、楽しさを感じることなんて忙（せわ）しなく働いていれば机上の空論です。無理だと思っている現状の自己分析と楽しい生活を送りたいと思う願望は、車で例えるならば、アクセルとブレーキを同時に踏み込んでいる状態です。こんなことをずっと続けていれば車は進みませんし、故障してしまいます。

今度は飛行機を想像してみてください。あんな鉄の塊が浮くなんて、冷静に考えると不思議ですが飛行機が浮くことは周知の事実です。

飛行機の離陸は大量のエネルギーを使って地面を加速させ機体を浮かせます。まさに、この飛行機の機体を加速させていくイメージは、自分が新しい何かに挑戦する時に消費するエネルギーの使い方に似ています。

会社を辞め独立することが挑戦だとすれば、離職することは大きなエネルギーを消費します。

会社から独立する決意をしても、先の見えない不安で怖気付くのは理に適います。見通しがないところへ飛び込むエネルギーの消費は甚大です。現状維持こそ是であり独立を悪と捉え、会社を辞められない自分を正当化する言い訳を頭の中で張り巡らし、挙句の果てには「辞めなくてよかった」と都合のいい言い訳も挑戦にはつきものです。重力に抵抗しながら大空を飛ぶ飛行機のように、スピードを加速しながら飛ぼうとする機体は、あなたの想像以上のエネルギーを消費しますが新しい挑戦は飛行機のように、自分の知らない世界へ連れていく魅力的なものだともいいたいです。

重力に抵抗し続ける飛行機を擬人化するならば「なにくそ」「海に落ちてたまるか」とある種のハングリーな気持ちを連想させます。ハングリー精神は心の振動数をふかし、ポジティブに変化させる感情です。新しい挑戦に怖気づき何度もあきらめる自分に嫌気が差しながらも、も・が・い・て・い・れ・ば気持ちは前向きになっています。常に何か新しい発見を見つけようとする探究心や、行動を起こす気概はエネルギーの高い状態です。

挑戦が想像以上に難しいことは、これまで偉業を成し遂げた人物の挑戦物語をメディアを通して知ることになります。その挑戦を感動ストーリーとして第三者の立場で見られるならば娯楽としての見応えはありますが、自分が当事者の立場になれば、毎年放たれる守られない正月の抱負はぞっとするような言葉の軽さを感じます。挑戦し続けることは勇敢な行為です。飛行機の話に戻せば、この離陸さえ頑張れば人生が好転していく可能性とも捉えられます。

楽しさを求めたいなら初動にかかるエネルギーの大きさに意識を向けなければなりません。仕事をしながら、育児をしながら、他に楽しみを見出すとなるとやはりエネルギーは分散します。楽しみを見出したいのなら、一点突破で初動に大きなエネルギーを集中させる術（すべ）を研究しなければなりません。

初動でエンジンをふかし加速すれば大空へ飛び立ちます。安定飛行するためには習得が鍵です。仕事でも趣味でも上手くなるのには一定の時間はかかります。

趣味でピアノを始めたとしてもすぐには上達しません。上手くなりたいと思えば、毎日鍵盤に触れることです。効率的な学習で弾けるようになることや、練習時間を確保することではありません。ただ毎日鍵盤に触れることを頭の中に一時保存さえできれば、興味は失わずにすみますが、ただこの意識を向けることさえも容易ではないことを理解します。どう生きたいのか、どのような人生を送りたいのか、自己の最も深い欲求を知ることは難解な問いです。迷いがあれば一日の行動もつじつまが合いません。何かに向けて行動をしだすと、同じ考え方を持っている人が大勢いることに気付いてしまいます。「相対的」な環境の中で自分のポジションを知ることで行動は急に止まります。

ピアノの習得でいえば、幼少期からピアノを始める子どもと比較してしまえば、ピアノを始める年齢としては遅すぎたと感じます。**人には自動的にこの歳で始めるのには遅いという他者と比較することによってバイアス（偏見）をかけてしまう傾向があります。**

逆に二十代や三十代の時に、独立しようと何度も思ったけれども定年退職まで実現できなかったというパターンもあります。スキルを身につけてから独立しようと考えることや、人脈やお金がもっと増えれば…というように絶好のタイミングを図ろうとしてなかなかできないのは**今は早すぎる、というバイアスがかかってしまいます。**自分の絶好のタイミングでチャンスが訪れることは神様のタスクには存在し得ないと認めるべきではないでしょうか。

片付けを例にします。片付けという領域をとっても、片付けをすることでそう簡単に人生は一変しないかもしれませんが、ちょっとした発想の転換で視界が急に広がってくることもあります。

過去にあったパズルゲームを思い出してください。連続して一気にパズルが崩れていく快感をイメージできれば、片付けをしたことによって、ライフスタイルが連続的にいい方向へ変化していけば、片付けに大きな意義が生まれることは想像できます。

片付けから連続する変化をもっと分解してみれば**「片付けをする」**→**「自宅に知人を招くようになる」**→**「招いた知人の中から恋人が見つかる」**→**「恋人ができたことによって性格が明るくなる」**→**「人生が好転してお金持ちになる」**

と言ったように小さな行動が大きな成果に繋がっていけば、片付けが人生の好転のきっかけだと気付くことになります。行動に移すには勇気がいるものですが、行動をしないと何も始まりません。リスクを考えすぎず、自分の憧れの姿をワクワク想像できることは最初の一歩になるでしょう。

自己評価のバイアス

「ダニング・クルーガー効果」という心理学の言葉があります。

能力の低い人ほど、実際の評価と自己評価との間に大きなギャップが生じてしまうという状態のことを言います。

つまり、自分自身もしくは他者によるバイアス（偏見）によって、思った結果が得られないということです。具体的には主に以下のとおりです。

1. 自分自身を過大評価してしまう→通常の努力でも1年はかかるのに3ヶ月でできるものだと勘違いした。
2. 知識不足に陥ってしまう→基礎的な練習をもっと積むべきなのに、難易度の高いことをやり出した。
3. 困難に対処できなくなってしまう→プロになれるという大きな自信があるが、技術的に実

力が伴わないことによるギャップが埋められない。

4．他者を適切に評価できなくなってしまう→指導してもらっている先生が過剰に褒めてくれたが実力が伴っていない（これは本人だけでなく、先生にもバイアスがかかっています）

総じて言えることは、能力が低い人ほど、本質を捉える力や物事を判断する知識の総量が足りないことを認識できていません。

習得する過程で博識と錯覚しはじめ、知識をこれ以上増やす必要を感じなくなるのが特徴だといえるのではないでしょうか。世の中に発信する段階で、自分の評価よりも世の中が過小評価していることで、失望や苛立ちを感じてしまうのも珍しくありません。

楽しさとは、本来努力とは無縁の世界だと認識されがちです。ピアノやゴルフ、あるいはダンスやアート、マラソン等なんでもいいですが、**成長を下心として楽しさを追求していくなら習得を見据えなければなりません。**折角ならアウトプットをすることで、さらけ出していくのは習得度合いをより深めていくのにも有効です。ＳＮＳで発信したり、友だちに言うことで他者と小さな約束を交わしたことになります。例えばゴルフでしたら「1年以内に100を切る」と宣言してみるのもいいでしょう。

どんな動機でも構わないですが、**これと言ったものが見つかった時は、いつもより少しだけ意識的にそのことだけ集中的に考えましょう。**そして何かを始めたなら「ダニング・クルーガー効果」のバイアスがかかることを意識して、計画的に行動するべきでしょう。

第八章　生きづらい世の中の光

雲を突き抜けた存在

都会で生きることは、見えない「相対的」な社会でエネルギーを奪い合う行為を繰り返しているようだと前述で伝えました。

所属する身近な共同体での振る舞いは、互いにいいエネルギーを送りあえば総じて居心地が担保されます。しかしひとりの人間の心無い言動で、時間をかけて積んだ積み木が崩されたかのように突然おかしくなることもあります。

なんであの人は空気が読めないのだろう、あの人のせいで善意が台無しになった、と考えが頭の中を巡ればストレスを抱えてしまいます。

それをきっかけに「目には目を、歯には歯を」と言わんばかりに失意は恨みへと変換されるもろさを露呈してしまいます。

自分に落ち度がなければ改善策も見つけにくいものです。考えれば考えるほど迷宮入りになります。

社会の中で不特定多数の他者と関わる環境要因は、慢性的にストレスを感じやすいといえます。また、頑張っても報われない環境だと悟ってしまえば、息詰まりを感じます。

多様性のある社会は聞こえがいいですが、多様性の解釈や運用方法は、凝り固まった大人たちが属する集団では捻じ曲げられるリスクがあります。**現実世界で直面する本音は、理想の環境を探すのではなく、少しでもマシな環境を探すことで有象無象の経済ヤンキーたちから逃れることを優先しなければならないことに、心の奥底では気付いているのかもしれません。**社会的弱者の生き方とはそんなものです。そんなことを繰り返す中で、いつしか幸福よりも不幸に居心地の良さを感じてもおかしくありません。

お金と地位があっても、社会の中に潜む罠は無数にあるので油断できません。まるで無数の雲で覆われた強風の空を飛んでいる飛行機のようです。巷のにわか成功者が発する耐久期間の短い言動の数々は、自身が所有する飛行機の性能を競いながら優越感に浸る様子そのものであり、ＳＮＳの進化で否が応でもその光景を見かけるような時代です。時には嵐（不景気）にあったり、墜落（倒産や失業）しそうになったり、自然の脅威とたたかっていると思えば、雲の中を飛ぶのは不安定さを感じます。

どれだけ成功している大企業であっても倒産リスクはあります。定年退職すれば長年あった社内の地位もなくなります。上場企業の重役になっても、株主や顧客から厳しい目で見られたり、時には罵声を浴びせられたりもします。こうなってしまうと落ち着いた生活を送れません。

「何より大事なのは、人生を楽しむこと。幸せを感じること、それだけです」

冒頭で書いたオードリー・ヘップバーンのこの言葉が発せられる前提として、やはり人生を楽しんで歩んでいくのはそう簡単ではないと気付かされます。しかし一方で、こんな生きづらい世の中でも、**雲の上を突き抜けた飛行機のように、毎日晴天の空を優雅に飛行し、雨や嵐にあわず、悠々自適な精神性を兼ね備えている人物がいるのも事実**です。

こういう人物こそ、「絶対的」感覚の境地で生きている人と結論付けてもいいかもしれません。特徴として、社会的地位を振りかぶらず、分け隔てなく人と付き合える特性が備わっています。これらの素養は人生経験で培われ、客観的認知が優れているからこそ成せると分析しています。それらの各論的な概略よりも、内面を紐解きそれを集約するならば「絶対的」感覚を持ち合わせている人の最大の特徴は「**人生を楽しんでいること**」これに尽きます。

これはただ楽しさを追求しただけの軌跡でなく、社会的責任に対して覚悟をもつ視座の高さや、可視化しづらい「強さ」「優しさ」「正しさ」を人並以上に兼ね備えた自信と実績から滲（にじみ）でる佇（たたず）まいだともいえます。

自分がどのような人生を歩んでいるかを見極めるのはある意味至難の業です。自分は「絶対的」な感覚を持って生きているとか、自分は他人より優れているといった論理的につなぎ合わせた継ぎ接ぎだらけの自己分析の反論は制御したいものです。

損得感情を度外視して人望が集まる人は達観した大人の生き方でもあり、到底そこには欺瞞（ぎまん）には見えないエネルギーで満たされています。

今の自分ではいけないと思えば、自分の行動を見つめ直さないといけません。具体的な改善策を何個か用意して、段階的に遂行していきます。出会いの力を借りて人生を変化したいなら、自分が思い描くような前述の「絶対的」感覚を持って生きている人と積極的に関わることは有意義です。**自分の人生にとって理想的だと思える人物と繋がることで、コンフォートゾーンが移動し、自分も釣られて変われるようになります。**

このコンフォートゾーンとは、自分が安心していられる位置のことを指します。人間は現在いる環境に染まってしまうものです。「相対的」な社会の檻の中は終わりの見えない競争社会です。恣意（しい）的にダラダラ毎日を過ごしている日常に身を置くことが無難だと思うことは、書の冒頭の「ゆでガエル」そのものです。

また他者が用意してくれた生ぬるい環境に染まり、居心地がよいと脳が判断したら、無意識にこの環境を自分が作り上げてしまっている可能性があります。これらの環境変えるためにコンフォートゾーンの位置を動かさないといけません。

今の環境を積極的に変えて、**洗練された生き方を学ばねばなりません。**それぞれのイメージの中にある感性を磨くことで諦めていた夢を思い出し、手繰（たぐ）り寄せる紐の在りかを探すために重い腰を上げてくれます。この意識の積み重ねが次第にコンフォートゾーンの位置を変えてくれます。多少居心地が悪くても高みの環境を探していくことは賢明な選択です。

人生の師匠

あなたは、メンターという言葉を聞いたことがありますか。

メンターとは、人生の指針を与えてくれて、人生の近道を教えてくれる師匠のような存在です。私にもメンターがいます。そのメンターは三人見つけたほうがいい、そう助言をくれました。

・人生を教えてくれるメンター（ライフメンター）
・ビジネスを教えてくれるメンター（ビジネスメンター）
・精神的な助けになるメンター（マインドメンター）

異なる分野でメンターを分けていくのには理由があります。積極的に考えれば、メンターが複数なら、それぞれの専門性に特化して導いてもらえるメリットがあります。消極的に考えれば、現在の自身の状態から変化する覚悟が足りないのならば、そのメンターと会うのが早すぎたことで学びに効果がでないことも起こります。またメンターも人間なので間違うこともあります。メンターに出会うタイミングは運であったり、時には引き寄せたりするものですが、これだと思ったら飛び込む潔さは必要です。

成長にはコストがかかる

人生を教えてくれるメンター（ライフメンター）は、その時々の年齢やライフステージに合った経験を踏まえて「学び」を与えてくれるのでありがたい存在です。なので自分より年上で人生経験が豊かな人が適しています。

生きていくにはお金を稼がなければなりません。こういった時に頼りになるのは**ビジネスを教えてくれるメンター（ビジネスメンター）**です。

ただ単にお金を稼ぐノウハウを学ぶだけかもしれないですし、人脈作りや「何者か」になるための下準備を学ぶのにも適しています。社会での立ち回りもメンターがいればコツを掴めます。

そして、**精神的な部分を支えてくれるメンター（マインドメンター）**は、世の中に生きづらさを感じているなら必要な存在です。身体の不調もキツイですが、心の不調を治すのには思っていた以上に時間を要することも多々あります。時として精神的な病に気付かない場合でも的確な言葉で自信や幸福感を取り戻すケアをしてくれます。

人生においては、山や谷の起伏に対応できる方法を教えてくれるメンターがいれば人生の近道や対処法を教えてくれます。

人生を山登りに例えるならば、メンターは山を案内するコーディネーターであり、山を熟知したプロです。登り方や登る前の注意事項を知っているわけですが、登り方の実践方法は、メンターによってさまざまです。

人生の正解がひとつであれば少なからず迷いはなくなりますが、社会は複雑性を増していきます。ひとりで悩む前にメンターの助言や行動を上手く取り入れることで本来考えなければいけない本当の自分探しの時間を増やしてくれる可能性を秘めています。決して学校の授業では教えてくれないことばかりです。正しい人生やビジネスのリスクを知れば、一歩ずつ正確に山登りもできるようになるでしょう。

登り方は大きく分けると二種類です。

・初動を早く行動して結果を出し、それを繰り返していく
・ゆっくりでもいいから、継続的かつ永続的に続けていく

成長するにはコストがかかります。山登りに例えるなら急こう配の山を登ることは**スピード**にコストを賭け、緩やかな山を登ることは**継続力**にコストを賭けています。どちらの道を歩むかにおいて優劣の差異はありませんが、登り方の特徴を正確に捉え、メンターを選ぶ際に急こう配を登りたいのか、緩やかに登りたいのか自分に問いかけ、メンターとのミスマッチを避けることは乱立している情報を精査することにも繋がります。

登り方は違いますが**「絶対的」な量や質を見定めていく必要があります。**今の自分に納得できないならば、いずれにせよ行動を変える覚悟をもたなければいけません。

いつまで経っても身動きがとれず、行動を先送りにしているならば自分の心を揺さぶり、刺激を与えることが賢明です。現状維持を受け入れて生きられるならばそれでも構いませんが、もやもやした日常から脱却したければ行動が意識を変えていきます。

行動にはコストがかかります。行動の重要さは痛いほど分かっていても行動のコストを低く見積もることは、それに関わるすべての知識や経験の浪費を意味します。その行動量を意識する前段階で、**その想いの強さを味方につけることです。想いの強さで行動のコストを正確に分析してみてはどうでしょうか。**

多くの人は、**やらなくてはいけないと自分が思い込んでいることに対して、優先的に時間を使ってしまっています。**人生をより良いものにすることに的を絞れば、**本当はやらなくてもよい優先順位の低いこと**である場合が多いのです。自分の頭の中に勝手に刷り込まれ義務化されていることは、日常の当たり前なので、この常識を変えるにはコスト意識を強化しなければなりません。時間がなくてやりたいことができない、という言い訳は、個人が勝手に作り出した常識によって生み出されています。そのズレを整えていけば想いに対する輪郭がくっきり姿をあらわし、さらに自分らしく進化できるでしょう。

二人の自分

仕事中に夜ご飯の計画をフライング気味に考えることは、決して異常な行動ではありません。午後六時の退社時間間際のゆったりした社内の雰囲気は、そんな社員のエネルギーで満ちています。

これまでに**今を生きる重要性**をお伝えしました。この意識を紐解くと仕事中（今）に対してご飯何食べよう（未来）は今の行動に集中ができていないともいえます。

つまりこの時、人は無秩序に未来を見てしまっているわけです。

未来にいる自分が、現在の自分を見てどう思うかの観点で時間を逆戻ししてみれば、果たして現在の自分は未来の自分に胸をはっている生き方ができているのか、意味不明に聞こえる問いに多少でも理解を示してくれるならば、中途半端に自分のやりたいことを挫折し続けた過去が愚かだと思ってくれるのではないでしょうか。

今は自分で決めた資格の勉強をしなければいけないのに、勉強をする気が起きずにスマホをいじったりする状況もそうです。

結果、その先の未来で資格試験に合格できなくて自分を責めるなら、今の行動は果たして未来の自分に誇れる自分であったのか問われていたのかもしれません。今考えるすべきことから目を逸らす行為は、今をしっかりと生きたい、後悔をしない人生を送りたいことへの願望と矛盾します。常に未来の自分を意識することを拡大解釈して伝えるならば、**自分は独りではない**といえます。現在の物質的存在の自分は一人ですが、未来の自分は別人として存在し、**時空を超えて繋がっている未来の自分とシンクロしながら、いつも鼓舞されている様子は二人でたたかっている、**ともいえます。

第九章　毎日の積み重ねが自分を進化させる

行動量をどう考えるか

何かを始めた時、上手くいかないことが連続的に起きると心にダメージを背負います。結果が見えなければモチベーションに繋がりません。

数々の失敗を糧として、あきらめなかったその先に社会的成功者たちは結果を出しています。成功者の行動は行動量で結果を示しています。

結果がついてきたら、行動量が正しいという認識にさせてくれます。結果が出なければ行動量が足りないと判断せざるを得ません。

「10，000時間の法則」というものがあります。何かを達成するためには、大凡10，000時間は費やさないと成就しないという法則です。

毎日3時間、月に90時間×12ヶ月＝1，080時間、1，080時間を9年から10年続けて10，000時間です。

１０，０００時間を費やせば達成できる根拠を語るよりも、まずは一日の行動の躓（つまづ）きをどうやって解消すれば良いかに目を向けさせる意識は、理想ばかりを掲げて行動に移せない人間を説得させるためには的を得た戦略に違いありません。１０，０００時間の先にある達成には確実な保証や担保さえもなく、現時点で持ちわせていない未達成感は、完結しているおとぎ話のエンディングのほうが情緒がある点で優れています。

子どもの子育ての期間が十八年間と捉えるならば、十八年後のゴールを目標にするよりむしろ、一日一日の連続した不確定な子どもとの格闘の日々を、どう処理しながら前に進んでいくか考えるだけで精一杯です。十八年後のゴール設定ももはや意味を為しません。称賛すべき子育てに対する行動量は改めて継続の成果です。毎日の積み重ねの大切さに気付けば、思いがけないステージの扉がうっすら見えてくるかもしれません。**どんな偉業でも、子育てのような気持ちで継続を続けてコツが身につくとすれば、**望む未来に辿り着ける可能性を飛躍的に上げることは、知識や理屈で行動が伴わない絵空事ではないと言い切れます。

心配とは、行動の不足から起こるものである〈by　野村克也〉

行動だけでは必ずしも幸福にはなれないが、行動のないところに幸福はありえない
〈by　ベンジャミン・ディズレーリ〉

継続していくこと

転職が今の最適な選択ならば、資格を取ることが他者との差別化の有効な方法だと考えるかもしれません。外資系企業への興味も選択の余地があればとりあえず英語の勉強も視野に入れなければいけません。不確定な進路の迷いは、社会人の枠組みでみればお金の知識も知っておくべきだと感じてしまいます。となれば書店に行ってファイナンシャルプランナーの参考書も見ておきたくなります。プライベートの充足感を満たすためにSNSのダンス動画に影響を受けるかもしれません。

人は目先のことや短期間のことにエネルギーを向けがちです。今から一年間でできることを短期的と捉えるなら、その期間に「やりたいこと」を詰め込む節があります。しかし当初はやる気に満ち足りていますが、途中で計画通りにいかなければ、中途半端となって挫折してしまいます。「ここで諦めたら試合終了ですよ」という神の声さえも向いてなかったからだ、と自分心の声はマウントを取って否定します。まさに最初に決意した過去の自分が**「過大評価」**したことを理解します。

今から十年後の具体的な理想像を思い浮かべられるでしょうか。具体的にできそうなことが思いつかない場合は、目標すら思いつかないし、**老い**が言い訳の対象になる場合も考えられます。これは年齢を重ねた中高年だけではありません。二十二歳からみた十年後の三十二歳はおじさん、おばさんです。また若ければまだ見ぬ結婚や転職、人生のやり直しは明るい希望ですが、若さゆえに未来の見通しが甘くなれば、十年後に向かって舵を取ることに躊躇を覚えるのではないでしょうか。また、早く目に見える結果を出すことが自己肯定感や自尊心を満たす要因になることが、過去の成功体験で植え付けられているならば、一年後に成長が可視化できないことは致命的です。その結果、十年後の自分の理想に蓋をしてしまうその感覚は**「過小評価」**

です。

一方「挑戦ストーリー」を違った解釈で他者からの評価にフォーカスすれば、もともと短期的なゴールは変化が目に見えやすいため周りから賞賛されやすいですが、長期的なゴールはあの人だからできたと自分と他者を分離する傾向もあります。

例えば、ダイエットで痩せたい、引き締まったボディになりたいのが目標となると、一般的に目に見える成功期間は一年以内（短期間）です。ダイエットに成功した人は周りからも賞賛されます。しかし、十年間の積み重ねで引き締まったボディを想像することは長期的に感じます。十年計画ではリバウンドして元に戻っているかもしれません。体形をキープしていても、もともとそんな人（理想の体形）だったと思われれば、十年前に最初に決意したダイエットの想いは他者からは軽視されてしまいます。他者の評価に値する努力と十年間の裏に隠れた継続の積み重ねが比例していかないのは「過小評価」ともいえるでしょう。

十年後のなりたい姿を描き切れれば焦る必要はないのですが、情報の洪水を浴びている現代社会で屈折しないでまっすぐ進むのは、映画「アルマゲドン」の主人公のように地球を救うくらいの、エネルギーで満たされた大いなる勘違いでもなければアドバンテージにはなりません。

あなたが何かを挑戦し始めた時、最初は周囲も物珍しく興味を持ってくれますが、いつかはそんなことも周りは飽きるものです。しかし、そこから継続して挑戦し続けることが人生を満たしていくための本来の成功であり、まさにアンソニーロビンズの言葉の真意を象徴しているように感じます。

人は一年でできることを過大評価しすぎる、そして十年でできることを過小評価しすぎる〈by　アンソニー・ロビンズ〉

緊急性と重要性の問題

人生を変化させる決意はエネルギーです。例えば私の場合、映画を観続けることは今は習慣化されています。なぜ観続けているのでしょうか。

仕事術や習慣術を語る時に、緊急性と重要性の話がでてきます。緊急性と重要性の二軸でタスクを整理し、**「緊急かつ重要」**なものを最も優先順位の高いものとして取り組みます。優先順位としては、続いて**「緊急かつ重要でない」**ものに取り掛かります。そしてこれが終わったら、あえて**「緊急でも重要でもない」**ものを処理し気分転換をしています。

例えば、何かの刃物で身体の一部を切られ、尋常でないほど出血していたとします。命に関わることなので、すぐ止血しなければなりません。

これを「緊急性」と「重要性」に例えるなら、止血することは「緊急性」があって命に関わることですから「重要性」もあるので優先順位は高くなります。しかし、肥満に関して言えば、不健康だと思い込んでいないなら「緊急性」も「重要性」も高くありません。生活習慣病だと捉え改善する意志があるならば、「緊急性」や「重要性」も高くなります。

ここは考え方にもよるわけです。話を戻せば、私が趣味で映画を観続けていることを自己分析すると、好きだからという単純な動機付けもできますが、実は、趣味を単なる余暇だと思っていない節もあります。余暇で観る楽しさだけでなく、**好きの延長線上にある人生の習慣化で発展する学びを期待しています。**

趣味で観る映画鑑賞には「緊急性」はないかもしれませんが、人生にプラスになる思わぬ副産物を手に入れる可能性を期待できれば、人生における「重要性」を感じてもおかしくありません。「重要性」があるから毎日観るという「緊急性」が高まる気もしています。「映画」を観続けることで付与される期待は、知識をひけらかすことや、マネタイズに直結する下心よりむしろ、感性を磨き、まだ見ぬ新しい自分の深い気付きを求める扉に、精神が向き始めているのかもしれません。誰もが追求していかなければならない、深い気付きを知ろうとする恩恵が、ロングタームで経済活動を実装し、再構築する余力がある自分へと変化していけば、結果、**達成感や満足感の質は変わっていくはずです。**

マネタイズの執着が、人をリスト化している経済活動に根源がある社会の有り様は生きづらさを生産する自動販売機のようです。お金を得ることよりも優先順位が高いものが存在するのは価値観の相違の範囲内です。個人の考え方によって、何に重要性があるかは生き方そのものに直結しています。

何か偉業を成し遂げている人物も、最初は誰も見向きもしないようなことを夢中になって追求することで、人生が変化していきます。**三流は頑張らない、二流は頑張る、一流は頑張っている意識もない**という言葉があるように、子どものように無邪気に夢中になることは目的の達成を簡単にしてくれる道しるべになるでしょう。

第十章　成功を棚卸ししてみる

成功の棲み分け

誰もが人生を謳歌し、成功することに躍起になります。成功という言葉の中にはポジティブさと欲望が共存しています。「相対的」な競争社会から一歩抜け出して他人よりも秀でた何かを手に入れたことはある種の優越感です。

では、もっと具体的な成功者のイメージとはどんな感じでしょうか。

・メディアに「時の人」として露出されるようになった
・独立して事業拡大
・豪邸や別荘を手に入れた
・億万長者になった

成功のイメージは社会的成功と同一です。

成長著しい会社の経営者や、独立して事業を拡大することは社会的な成功に位置付けられます。豪邸や別荘を持っていればビジネスの成功を意味し、お金持ちとして社会的成功と捉えられるでしょう。また、生まれながらに富豪の子女であり、裕福な暮らしができれば「生まれ」の運が良かったと言われるでしょう。

このように、社会的な成功の多くが**目に見える分かりやすい裕福さ**に起因します。テスラ創業者のイーロンマスクやアマゾン創業のジェフベゾスのようなビッグネームの資産家は成功者の象徴です。そこでは「絶対的」な成功者の背後にあるお金持ち、地位、名声で括られた圧倒的な見下され感が重要なわけです。大勢の人に判断された選択は個人で判断した選択を凌駕し、誰もがいとも簡単に羨望を仰ぎます。

プロスポーツ選手やオリンピックで活躍した選手と婚姻関係を結んだ女性に対するイメージは成功者（旦那）を射止めた成功者（奥さん）ではないでしょうか。

うらやましい存在ですが、深読みするならば成功しているスポーツ選手の現役時代の活躍期間は「相対的」時間軸では限定的です。その意見はまさに**成功者になってもずっと成功者では**

いられない危うさがそこにはあります。

人生における成功とは、幸せが継続的に広がっていくこと、価値ある目標を次々と達成していくことと定義できる〈ｂｙ　ディーパック・チョプラ〉

この言葉を読み解けば、成功者とは継続的に結果を残し続けている人や、社会的成功者に向かう過程が顕在的に見える人なのかもしれません。いわゆる「時の人」と呼ばれる人物です。しばらくしてメディアの前から姿を消せば、成功者の肩書きは過去の栄光だと決めつけられます。

また、質の良いＳＮＳのフォロワーやいいねの総量は「相対的」に見て成功者予備軍になり得ます。現代のファンビジネスで、コアなファンが定着し主従関係が成立するならば、ファンの心理では成功者だと思われているわけです。

人生の成功を見つけること

その一方で「社会的成功」だけが成功ではないということも理解しなければなりません。

・健康に長生きすること
・愛する人たちに囲まれて過ごすこと
・やりたいことを見つけてずっとやり続けられたこと
・長年の夢を叶えられたこと

など、社会的成功に向けられた偏った成功に執着せずに、他者からは小さくて見えない成功を追い求めることは、他者と分離された健全な思考です。健康に長生きしている様子に成功者の称号はなかなか与えられません。しかし、本人にとってそれは人生における紛れもない成功です。社会的成功は、周りからの評価があってこそ「相対的」です。逆に言えば、周りがいなければ成功者になれないわけです。自分自身が成功だと思える人生は、他人の意見に左右されない領域であり「絶対的」な成功といえます。

それは社会的成功でしょうか
それとも自分が納得できる成功でしょうか

さきほど例に挙げたプロスポーツ選手の奥さんは、旦那が落ち目になったことは世間からみれば成功者でなくなったと認識されます。しかし、それを起点に二人の絆が深まる可能性だってあるわけです。パートナーシップが深まって旦那が活躍していた時よりも、もっと幸せを感じる生活を送ることもできればそこには二人で勝ち取った成功があります。

「人間万事塞翁が馬」

そこは誰にも侵されない自分軸の「絶対的」な成功を見つけていく作業です。

使命感が「絶対的」意識を養う

社会のために何か役に立つことがしたい、と漠然とした思いを持つ人は少なくありません。しかしそうは言っても、自分の生活で精一杯ならばそんな気持ちは脇に置かれます。そんな人も、**For Me（自分のため）という思いからFor You（他者のため）という思いにシフトできると、新しい次元を体験できます。**

「社会のために」とか、大きな枠組みでなくても「パートナーのため」「子どものため」「家族のため」に自分を捧げる行為は、とても美しいことですし、使命的な生き方に感じます。

「クリスマスキャロル」という映画があります。

お金の亡者故に周りから嫌われているスクルージという老人が精霊に連れられ、自分の「過去」「現代」「未来」へ時空を超えて自分の人生を見に行くというお話です。

自分の裕福さにあぐらをかき、他人の心情はお構いなしだった老人が、未来の精霊に連れられて見た光景は、悲惨なものでした。死んだ自分に対して悲しむ様子をする人は誰一人としていません。中には嘲笑う人間もいます。死後の自分の人生にスクルージは後悔します。

この映画の教訓は

あなたが死んだ時、どんな人に思われたいかという問いです。

人に好かれて多くの人に悲しんでもらえることは望まれるべき人の道ですが、他人を幸せにし、自分が有意義な人生だったと思える感情の伝達は改心する前のスクルージを社会に増やさないことです。その答えが現世で自分の使命を見つけることに繋がっていきます。

なんであの人はあんな辛いことができるのかと感じたら、その人は使命感をもっているからかもしれません。何か（誰か）のためにという熱い思いが、エネルギーを放っている要因と考えられます。熱い気持ちを抱いて物事に取り組み、何かと向き合っているのでしょう。そんな使命感という言葉の中にきな臭いネガティブ要素は感じません。

使命を全うするということは「絶対的」に死に向かう時間軸に対する命の使い方の覚悟表明です。

最初は自分の欲を満たすため、つまり自分のために矛先が向いていても構いません。しかし他者を想うことで強い使命感は得られます。その矛先が他者に向けば向くほど、自分の使命に他者を巻き込むこともできます。

もしかしたら、わたしが本を出版した意味もそうなのかもしれません。誰かのために役に立ちたいという想いが、私に使命感を与えている可能性があります。折角ならば**大勢を巻き込める使命を考えてみてはどうでしょうか。**徐々に多くの人たちとの縁が実を結び高いエネルギー体へと進化していくはずです。

あなたの想いに人々が集まり世界を変えるかもしれません。**あなたの存在が世界を平和に導くかもしれません。**

自信を持ってください。あなたは本当に素晴らしい人ですから。

第十一章　高次元に人類は進化していく

死生観について

死、とは「絶対的」な現象そのものですが、死でさえももしかしたら誰かの記憶に残っていれば「絶対的」なものでないです。

生きることは「絶対的」に死に向かっており、生きているとどこかのタイミングで**死生観**を植え付けられます。

それは不規則なタイミングで何度となく訪れます。

私が小学校五年生の時に祖母がガンで亡くなりました。生前、入退院を繰り返し、分厚い医学書を祖母の部屋で見かけたのを思い出します。

その記憶は今でも鮮明に残っています。祖母の死は悲しいはずなのに、家族や親戚たちは火葬場で談笑をしていました。子どもながら怒りを覚えた記憶があります。決して祖母の死を悲しんでいないのではなく、寿命を全うした思いや、小学生だった私よりも長い年月を共に生きたことで、人生最後の儀式が終わる安堵感がそこにあったことは今となっては理解できます。

数年前に父親が寝室で亡くなりました。生前二日前に体調が悪いというのを聞いたのが最後でした。家族の死を目の当たりにした時に、ある年齢になれば自分もいつかは死ぬということを自覚させられます。祖母は六十三歳、父親は七十七歳でした。

現代の平均寿命を考えると、祖母が亡くなるのは時期尚早でした。三世代が年齢順に現世に存在しなくなるのは自然の摂理です。中には小さい頃に両親どちらかに不幸が訪れることだってあります。子どもの命と引き換えに訪れる、母親の不幸も決して稀ではありません。

両親の死を境に、深い悲しみを感じ、自然の摂理とは相反するかのように早い段階で死生観を養われるケースはあります。最近訪れた友人の不幸は死も他人事でないと意識させられます。

無論、大病や大事故を自分自身がしたら、どんな年齢でも死生観は感じます。

「おくりびと」という映画が過去にヒットしました。その中のセリフで

「人生最後に買うのを決めるのは他人が決めるのよ」

人間が死ぬ時は他人が選んだ棺の中で死んでいく、という様子が無機質な会話の中に情緒的に表現されています。

生まれた時も死ぬ時も他人任せになってしまう無力感の境地がこの言葉の中に込められています。

「介護でおむつをかえるのは、最後の命懸けの子育て」だという言葉を聞いたことがあります。その言葉の中には当事者の心に深く突きささる本質が見え隠れします。

母親は現在、半身不随になって介護施設に入っています。訪問してトイレの介助をすることもありますが、たまに介助することでさえも意識の一部では面倒くさいと感じている時もあります。しかしこの言葉を知り、**命懸け**で子育てをしてくれていると思えることは、親子の余韻に浸る大切な期間だと感慨深くなると同時に、一見、不可逆的に思われる時間の中で繰り広げられる、ある未来に必然的に起こる一瞬の朽ちる灯の悲しみさえも人生の機微に変わるのだと、まだ見ぬ世界の繋がりに想いを馳せてしまいます。

和の精神性

意識にフォーカスする「絶対的」な生き方とは、周りに流されることなく、自分軸をしっかり持つ生き方です。それに対して「相対的」な生き方とは、社会に柔軟に適応していく生き方です。優劣の議論ではなく、どちらの生き方に比重を置くにせよ、共存して社会が循環できる仕組みを考えることは賢明です。そうしなければ持続可能な社会は実現できません。

つまり、人間にはさまざまな生き方がありますが、どんな生き方を選択するにしても持続可能な生き方を模索する社会を考えてみることは、かけがえのない世界で生きる人類の課題です。それが人間の精神性にフォーカスすることに繋がります。

この考え方は、**インナーサスティナビリティ**と呼ばれます。文字通り「心の持続可能性」を意味し、個人の心を通じて持続社会を形成することを目的としています。

ＳＤＧｓには持続可能な環境を掲げる理想がありますが個人の精神性に関わる項目が存在しません。世界の問題を解決するには、それを実践する個人の精神的健康が欠かせないはずなのに、それに目を向けても、現状、解決には程遠いです。といっても難しく考える要素はなく、日本人は本来このような思想が遺伝子レベルで埋め込まれ、得意な精神性だと捉えています。

「和」という言葉がありますが、それはまさにこの精神です。

日本の和を重んじる、和を乱さない、という文化は、今でこそ抑圧や無個性と同時に語られることが多くなりましたが、本物の和はその真逆です。お互いを尊重しながら居心地の良い関係を作ることこそが、現代で必要な和の考え方です。このように個人の精神性を重視するインナーサスティナビリティを広く浸透させていくためには、社会がもっと成熟することが求められています。

ギスギスしていて人を信じられない社会、身体の安全が保障されない社会では、自分の内面に穏やかに目を向ける余裕など誰も持てません。また、心に余裕を満たすために、ビジネスやお金の流れを形成することも意識しなければなりません。お金より大切なものがある、というのは嘘ではありませんが、お金のことを毎日考えなければいけない生活では、精神のゆとりを担保できないのも事実です。皮肉なことに、お金という自らが生み出した紙切れで人類は振り回され、生きづらい社会を生み出してしまいました。

まず、第一に目指すべき方向性として、**自分や他者を大切にするという綺麗ごと**に目を向けることです。綺麗ごとだけでは上手くいきませんが、綺麗ごとを能動的に意識しなければ、毒を持った人間が増える一方です。

どうすれば人を大切にできるのか、の方法論を議論する過程で起きる、他人に迷惑かけなければ良いという、人それぞれの解釈に裁量が分かれる抽象的な解決や、泥沼化の結末に最後は、司法に委ねればいいといった見解の不一致が蔓延することは、持続可能を目指す社会での精神性のジャッジとしては、ギリギリアウトだと言えるかもしれません。

一人ひとりの小さな心がけは、社会全体をより良くする原動力になれると信じたいです。

精神的な繋がりの進化

人類の心の問題に目を向けることは、他者と意識をつなぐという点で、「祈り」をエネルギーに変える行為だともいえます。そこに意識が向かないのは、高次元で進化していく過程で起きた人間の軽薄な想いが、社会の複雑性と心の複雑性と絡みあいながら膿（うみ）として顕在化しているだけなのかもしれません。一方で、先人が残してきた偉大な書物を読めば、生きづらさは紀元前の時代から何も変わっていないと「まさに歴史は繰り返す」と懐疑的に捉えることも一理です。

人類は自己反省する時期を迎え、自然を大切にすることに目覚め、闇雲に経済活動を優先することに無意識でいられない時代へと進化し始めています。

社会活動は徐々に自動化され出し、すべて人々の時間を自由にして、生きがいを追求できる時代に現実社会は足を踏み入れ始めています。労働時間は減っても収入を減らす必要はなく、私たちが与える知恵にお金が払われる社会に段階的に向かっています。

他者との新たな交流の伝達方法によって、新しい経済指針となる私たちの使命は、エネルギーレベルを上げ続けることで知るようになります。そしてエネルギーレベルがあがるに従って、エネルギーは魂となり人間の心を突き刺す深い気付きを欲しています。「見えない何か」を知る感度の高い人類は次の世界を想像しながら動き出しています。そこには「絶対的」な真理に近付こうと、科学的な証明をもって社会的意識は飛躍的に変化しています。

ここ十年～二十年で、物質的なものの生産より、精神的なやすらぎを求め、自己の深い意識に対する欲求が増えていることが物語っています。

あなたは誰

この本を執筆しながら今日の夜ご飯のメニューを考えたり、別のことを考えたりする自分がいます。

少なからずこの書のテーマの一部として、今、一瞬を大事に生きようと執筆しているにも関わらず、いろいろな気付きを与えようとしているのにも関わらずに今ではなく、未来に思考を向けている自分がいるわけです。人間の思考とはどんなに変えようとも一朝一夕には変えられないもどかしさに「絶対的」な矛盾を感じます。

あなたはこれからどうなっていきたいですか
あなたは一体何者ですか
あなたはこの世に存在して何ができるのですか

そんな自問自答した結論の先に何を見ているのでしょうか。
まず自分が何をしたいのか、この書を読んでどういう変化が起きたでしょうか。この書が役に立ったとか立たなかったという評価を超えて、高次な次元に繋がっていくために自分が生まれてきて関わっている、もしくはこれから関わってくる他者に向けてのある種の**大きな約束**に心が向かい始めたならその決断は深いものになっていきます。

あなたの人生の目的は、あなたが決めることなのです。あなたが自分に課したものが、使命となるのです〈by　ニール・ドナルド・ウォルシュ〉

幸福とは

幸福とは理想と現実を一致させている状態のことを指します。

あなたがもし、今よりも成長したい、あるいは成功したいと思っているならば、現実を上げて理想に近付けることに他なりません。

しかしながら幸福になりたいと思うなら、**足るを知る**という言葉があるように理想を下げて現実と一致した状態の今の幸せに気付くことも幸福な状態なわけです。

人間が出くわすさまざまな場面を彩豊かに想像できることは、他者への関心と同時に人間が存在し得ることとの強い肯定感がそこにはあります。

また、自分の幸福に気付ける人間が増えていくことは、社会全体で見れば生きづらさから解放される世界が進行し、未来への期待で溢れるエネルギーで満たされていく様です。

しかし世界は物質的には一見豊かになっていますが、精神的な豊かさは次第に釣り合いが保てなくなっています。世の中の行き詰まりを感じているからこそ、誰かに届いてほしいと微力ながら感じます。

さまざまな矛盾の中に、精神が広がる時と閉じこもる時が必ずあります。強烈に閉じこんだ時ほど、逆に広がったりする時もあります。行き詰まったら、それを突破しようとエネルギーを剥き出しにして恥をかくのも人間らしくていいかもしれません。

「毒が盛られたショートケーキ」を誰かが提供してくれたら美味しそうに食べてみるのもいいかもしれません。すぐ死ねるような毒は盛られていないことを、おそらくあなたは知っているわけですから。

そこに面白味を感じられる日常に気付けば、人生は豊かになっていくはずです。

そう、もしかしたらすべての見える世界はフィクションかもしれません。

おわりに

最後まで読んでいただきありがとうございます。

今回執筆にあたり、出版させていただいた日本橋出版株式会社および担当の大島さんには感謝しかありません。

あとがきを記すにあたり、あらためて「幸せとは何か」もう一度考えてみようと試みました。もし、現状の今生きている世界を幸せだと思えるならば今在る世界で生きていくのが正しい方向だと感じてしまうかもしれません。

現状の幸せよりも、もっと成長したいと思えば世界を広げて新しい未来を想像することはきらびやかで肯定的な光景に見えます。

しかし、穿（うが）った視点でみれば、世界を広げれば必ず新しい世界が現状よりもいいものになるかどうかは分かりません。選択肢を広げることは単にリスク要因が上がっているとも解釈できます。

人にはそれぞれに当たり前の世界があります。言葉の暴力が当たり前の世界では、それが当たり前になります。当たり前の基準が違う世界で、自分が考えている当たり前の思考（言葉の暴力はダメ）や行動を押し付けても相手の心には刺さりません。

すべての人間は利己的だと定義付けたとしたら、暴力さえ利己的な行動の単なる結果に過ぎません。利己的な行動しかしない人間そのものの行為への過剰な期待はできないかもしれませんが、どんな善意でさえも利己的だと認めながら、その利己的な行動が利他的になっているか分別ができるような知性は身につけていく必然性は感じます。

より良い人生を歩む道標の最適解をどうやって見出すかは、人間の幸せの定義がひとつであれば単純ですが、どんなに幸せだと思えることも、幸せの一側面にすぎないことが理解できると生き方の選択肢は広がります。

あなたが今、頭に浮かぶ「幸せ」とは何でしょうか。

幸せのひとつの形として、好きな人と好きな場所で好きなことができることは幸せの領域ですが、その状態も幸せの一側面にすぎません。

ただひとついえることは、あなたがあなた自身で幸せを定義付けし、幸せの基準値を高め続けられる貪欲さはこれからの人生を豊かにさせていきます。当たり前の基準値も上がれば他者に対する配慮や優しさも意識できるようになるのではないでしょうか。

一方で依然、SNS界隈では不祥事を起こした著名人のSNSアカウントは、身元が分からない、ファンでもない、憂さ晴らしに利用されるだけの心のない言葉によって、見えないモンスターが顕在化していることを理解させられます。

このモンスターの意識に対峙し、抗（あらが）うかのように、ふとした瞬間に、何者でもない自分でさえ、「自分はどんな風に生きたいのか」を考えさせられることもあります。また街を歩いたときに、なんの予備知識のない見ず知らずの他人を観察し、この人は幸せな人生を生きているのだろうか、と意識が自分の外側へ向かうこともあります。

本文を書き終え、数か月が経ち、あとがきをニースのホテルで記しています。言葉（フランス語）が分からなくても、街を歩いている外国で暮らす人たちの幸せそうな顔を見ながら、日本を否定する理由付けを探し、海外移住の妥当性を頭の中でプレゼンしますが、冷静に自分の内面にある意識を丁寧に分析すると、外国で「観光すること」と「生活すること」の違いを理解し、外国で暮らす環境を過剰に理想的だと思い込ませるバイアスを打ち消せそうとしています。

バイアスはあらゆるところで歪みを生み出しています。

誰もが自由に生きられる世の中を実現しようとする「聞こえの良さ」は、解釈の違いを生み出し、「生きづらさ」を助長する羽目になっていることに多くの人たちは気付きはじめているのかもしれません。

どんなに聞こえの良い方法論を語ろうとも、語れば語るほど陳腐であり、肩透かしを食らわされる未来にうんざりしつつも、純粋にこの現代社会で平穏に暮らし幸せな日々を送っている人々を想像しながら、自身も新しい生き方を模索しようとしています。

出版するにあたり、自分にとってふさわしいテーマは何なのか、自問を繰り返すなかで私が三十歳のころに感じたことを基に抽出された問いを通して、この書は記されています。

それから年月が経った今でも、この「生きづらさ」は手を変え品を変えて社会の中で共存しようとしています。

「死ぬときに自分が幸せだったと思える人生を過ごしていきたい」ということをよく耳にします。自分が考えたとおりに生きなければ、無味無臭な空虚な人生を選択しても、この世に存在する時間は有限であることが、すべて時間が解決させてしまうのは、老婆心ながら勿体無い時間の使い方だと思ってしまいます。

私にとって出版という、新しいことに挑戦できたことは幸せです。本を書きたいと思えば、あなたも挑戦してみてください。私にもできたようにあなたにもできるはずです。

どんな形を選択するにせよ、あなたの想いを全身全霊で表現してください。

原稿を書き始めたあの時に集約したこの想いがすべての人に届きますように。

川井淳
モラリスト、投資家、経営者、セミナー講師。
徳島県生まれ
おそらくHSS型HSP。大学卒業後、海外へ留学。
帰国後広告会社へ就職。その後さまざまな職場を経験して感じた「生きづらさ」を機に人間の生き方や本質を鋭く洞察、研究。大の「男はつらいよ」寅さん好き。人生の幸せについて探究中。

人はなぜ生きづらさを選んでしまうのか

2024年1月23日　第1刷発行

著　者――川井淳
発　行――日本橋出版
〒103-0023　東京都中央区日本橋本町2-3-15
https://nihonbashi-pub.co.jp/
電話／03-6273-2638
発　売――星雲社（共同出版社・流通責任出版社）
〒112-0005　東京都文京区水道1-3-30
電話／03-3868-3275

ISBN 978-4-434-32853-4